Barbara De Angelis

Barbara De Angelis

LAS VERDADERAS REGLAS

Para encontrar el hombre adecuado a tu yo real

Traducción de Mercedes Cernicharo
y Dimas Mas

grijalbo mondadori

Título original:
THE REAL RULES
Traducido de la edición de Dell Publishing, una división de Bantam
Doubleday Dell Publishing Group, Inc., Nueva York, 1997
Cubierta: Jordi Solé
© 1997, BARBARA DE ANGELIS
© 1997 de la traducción castellana para España y América:
        GRIJALBO MONDADORI, S.A.,
        Aragó, 385, Barcelona
Publicado por acuerdo con Lennart Sane Agency AB
Primera edición
ISBN: 84-253-3176-5
Depósito legal: B. 32.531-1997
Impreso en Hurope, S.L., Lima, 3 bis, Barcelona

Índice

SEXTA PARTE
Cómo vivir tu vida con las verdaderas reglas

Prefacio

Déjame contarte la historia de cómo decidí escribir *Las verdaderas reglas*:

Un día de otoño del año 1996 estaba comiendo con varias amigas. Así que empezamos nuestras ensaladas, una de las mujeres me preguntó: «Por cierto, Barbara, ¿qué piensas sobre el libro del que habla todo el mundo: *Las reglas*?». Yo había oído hablar de ese libro que, supuestamente, les dice a las mujeres cómo conseguir un hombre para casarse con él, pero aún no lo había visto, luego sólo tenía una respuesta: «No lo he leído».

—¿No? —Ella alcanzó su bolso y me entregó un pequeño libro en edición de bolsillo—. Ten. Alguien, de broma, me lo regaló en la oficina. ¡No vas a dar crédito a lo que leas!

Logró intrigarme. Naturalmente, a lo largo de los años, y en tanto que una autoridad en lo relativo a las relaciones de pareja, me han preguntado mi opinión acerca de otros libros sobre ese tema, pero incluso cuando no compartía las ideas del autor, jamás he criticado públicamente lo que había leído, porque no es mi estilo de hacer las cosas. De ahí que me pillara completamente desprevenida lo que ocurrió después.

Miré el libro: *Las reglas*. La portada parecía bastante inofensiva. Después, abrí el libro y comencé a leer: una sucesión inacabable de malos, antiguos y reciclados consejos; el tipo de consejos que mi abuela le daba a mi madre al tiempo que le decía que podía quedarse embarazada por besar a un hombre. Al principio creí que no lo había entendido bien, que quizás era una de esas parodias de los libros de autoayuda. Pero para mi horror, a medida que cada capítulo empeoraba, me percaté de que no se trataba de ninguna broma, ¡sino que iba absolutamente en serio!

Apenas podía creer lo que leía:

... el hombre debe llevar la iniciativa...
... sé tranquila y misteriosa, actúa como una auténtica dama...
... no hables mucho, deja que él piense y hable...
... él dirige la función...
... si aún no te ha regalado joyas... puedes hacer las paces...
... lleva vaqueros muy ajustados, minifalda o camisetas muy escotadas...
... si no tienes olfato, búscate un trabajo de narices...
... el sobrepeso no entra dentro de *Las reglas*...

Estos eran los tipos de reglas para conseguir la felicidad: ¡las reglas para complicar tu vida amorosa y para que te conduzcas como el peor estereotipo de la mujer sumisa y superficial!

Estoy hablando de algo que va bastante más allá de cualquier libro actual, tanto como siglos. Se trata de las mismas ideas que han provocado que millones de mujeres (incluyéndome yo) se metan en malas relaciones con hombres con quienes ni siquiera deberían de haberse citado por primera vez; las mismas ideas que han atrapado a muchas mujeres en matrimonios sin amor y sin sentido de los que, sin embargo, tienen miedo de salir; las mismas ideas que han creado generaciones enteras de mujeres con una bajísima autoestima; las mismas ideas de las que algunas mujeres que son felices y han tenido éxito, como yo misma, han tratado de liberar a las demás.

Pienso en las ingenuas mujeres que han tratado desesperadamente de poner en práctica *Las reglas*, sin darse cuenta del precio que iban a pagar al comprometer su honestidad, su integridad y el respeto hacia sí mismas para atrapar a un hombre.

Pienso, sobre todo, en las jovencitas que lean esa basura, creyendo que contiene la verdad, y echándose su primer novio a base de coquetear, llevar escotes generosos y mantener la boca cerrada.

Pensé en la inevitable reacción de los hombres que conocieran las reglas y que llegarían a una única conclusión: «Tenía razón: las mujeres son unas brujas manipuladoras que lo quieren controlar todo».

De repente me di cuenta de que el libro que tenía entre las manos no era meramente divertido, bobo o increíblemente estúpido, sino que estaba equivocado. Iba contra todo lo que yo había enseñado durante los últimos veinte años, contra todo lo que yo consideraba saludable para una relación.

Fue entonces cuando supe que tenía que escribir *Las verdaderas reglas*...

Dedico esta obra a cada una de las mujeres a las que alguna vez se les ha roto el corazón por enamorarse del hombre que no era adecuado para ellas.

Dedico las verdaderas reglas a todas las mujeres que han llegado a creer que necesitaban convertirse en el cuerpo perfecto para un hombre, en una fantasía plástica con la que poder conseguir su amor.

Dedico las verdaderas reglas a todas las mujeres que alguna vez han tenido miedo de compartir sus sentimientos auténticos, sus deseos o sus preocupaciones con un hombre por miedo de que él les dijera que eran demasiado acaparadoras y exigentes.

Dedico las verdaderas reglas a todas las mujeres que por miedo de perder a un hombre han sacrificado sus opiniones, sus valores y su propio autorrespeto.

Dedico las verdaderas reglas a todas aquellas mujeres que, queriendo complacer a un hombre, se han perdido tanto a sí mismas que ya no saben quiénes son realmente.

Dedico las verdaderas reglas a todas las madres que desean que sus hijas no cometan los errores que ellas cometieron, y a todas las hijas que no desean acabar como sus madres.

Dedico las verdaderas reglas a todas las mujeres que sueñan con tener una relación con un hombre auténtico basada en la igualdad real, y no en los juegos y luchas de poder, una relación cariñosa, íntima y llena de respeto mutuo.

Y dedico las verdaderas reglas a cada hombre auténtico que desea una mujer auténtica, una mujer en la que se pueda confiar y a quien se pueda respetar, que tenga una mente honesta y un corazón amante.

Yo te lo ofrezco, de todo corazón.

La verdad real.

Las verdaderas reglas...

Barbara DE ANGELIS

Primera parte

Las verdaderas reglas: cuáles son y por qué las necesitas

¿Cuáles son las verdaderas reglas?

Cuando era niña, creía que el día más feliz de mi vida sería el día de mi boda. Aun cuando no supiera nada acerca de las relaciones de pareja, comprendía ya que el día en que me casara con el hombre de mis sueños significaría una gran realización vital, como lo era en la vida de la totalidad de las mujeres, el día en que oficialmente capturaba a un hombre. Nadie, en la actualidad, usa la palabra «capturar» para referirse a la búsqueda de pareja. Con todo, el mensaje que me llegaba desde mi propia familia y desde la sociedad era clarísimo: se suponía que yo tenía que «encontrar» marido, «conseguir» un hombre, «atrapar» a un chico.

También estaba claro que en el mundo de los adultos las mujeres que no habían «conseguido» un hombre y, aún peor, las que no habían «conseguido» casarse, eran acreedoras de la compasión de los demás, como si se tratara de los animales más débiles de una horda, los que ya no podían cazar y alimentarse por sí mismos. Yo había oído susurrar a mis familiares: «Fíjate, su hija tiene ya treinta y dos y no se ha casado. Mal asunto. Me pregunto qué tiene de malo...».

Y así, como millones de mujeres a través de la historia, capté el mensaje: «Mi valor como mujer reside en mi habilidad para conseguir un hombre». De algún modo, si yo no conseguía un hombre, sería menos mujer. Y si yo tenía bastante suerte como para conseguir un hombre con un trabajo prestigioso o con mucho dinero, o con ambas cosas, entonces habría alcanzado el éxito.

No me sorprendió entonces, por la época en que tenía diecisiete años, que mi primer objetivo vital fuera tener relación con un chico. Si miro hacia atrás me doy cuenta, incluso, de que, de hecho, ni siquiera importaba *quién* fuera él, sino que yo ya tuviera un novio formal. ¿Me pregunté alguna vez si era realmente feliz? ¿Me pregunté si él me respetaba y apoyaba mis objetivos? ¿Me pregunté si él reunía todas las cualidades que yo buscaba en un novio? Por supuesto que no. Yo sólo quería formar parte de una pareja. *Me preocupaba mucho menos el hecho de con quién estaba que el de estar propiamente con* alguien.

Cuando me fui a la universidad aún mantenía ese esquema mental. Si alguien me hiciera ver que yo le gustaba y me iba un poco detrás era suficiente para que yo iniciara una relación con él. (Cuando pienso en los chicos con los que llegué a liarme, tiemblo..., tú ya sabes a lo que me refiero, ¡exactamente!) Naturalmente, esas relaciones nunca prosperaron. ¿Y cómo iban a hacerlo? Mi objetivo era la adquisición de un hombre, no la creación de un relación satisfactoria. Estaba demasiado ocupada intentando conseguir al chico como para preguntarme a mí misma si quería estar con quien había acabado estando.

Al final, cuando ya había cumplido los veinte, llegó el gran momento. Un joven me pidió en matrimonio. No importaba que yo no estuviera realmente enamorada de él, que apenas supiera nada de él o que fuéramos totalmente incompatibles. Eso era lo que yo tanto había esperado, una proposición matrimonial, y dije que sí, por supuesto. Al fin iba a convertirme en señora de... Lo había conseguido, ¡había conseguido un hombre!

Puedes imaginarte mi desolación cuando, después de cinco breves meses que fueron una auténtica pesadilla, me encontré con la anulación matrimonial. «¿Cómo era posible que hubiera sucedido algo así? —me preguntaba, incrédula, a mí misma—. Todo lo que yo he deseado siempre ha sido estar casada.»

Me llevó algunos años y varias relaciones dolorosas más el hallar una contestación:

Se me había roto el corazón porque había seguido la vieja regla.

¿Cuál era la vieja regla que me había roto el corazón? Se trataba del mensaje tácito pero poderoso que se escondía tras todo lo que mi familia me había enseñado, tras todo lo que yo había observado acerca del tratamiento que la sociedad reservaba a las mujeres.

La vieja regla era: el verdadero objetivo de la vida de una mujer es encontrar un hombre y casarse

Yo había seguido la vieja regla y había conseguido un hombre. El problema consistía en que, sobre todo, había deseado casarme, mucho más que casarme con la persona adecuada. Como ya he dicho antes: el objetivo de una mujer que sigue la vieja regla es la adquisición de un hombre, no la creación de una relación saludable y amorosa.

Eso es lo que ocurre cuando sigues la vieja regla para conseguir a un hombre. Concentras tus energías y tu conciencia en la parte adquisitiva del proceso, como algo opuesto a concentrarte en a quién estás consiguiendo. Y un buen día, te despiertas y te percatas de que mantienes una relación que no es en absoluto como tú la querías, y con un hombre que no es, tampoco, quien tú deseabas.

Como millones de mujeres antes de mí y millones después de mí que siguieron la vieja regla y acabaron en una relación insatisfactoria, me ha preocupado tanto encontrar a alguien que me quiera, que nunca me he parado a pensar si realmente yo lo quería. Había estado tan preocupada por conseguir un compromiso serio por su parte, que nunca me había parado a pensar si él era el tipo de hombre con el que quería comprometerme. Había estado tan preocupada por conseguir que pensase que yo era todo lo que había deseado, que no me paré nunca a pensar si él era cuanto yo había deseado.

Hasta bien entrada en la treintena no me di cuenta de que había estado saboteando inconscientemente mi vida amorosa siguiendo la vieja regla. Y sólo cuando dejé de seguir esa regla comencé a seguir las verdaderas reglas que hay en este libro, encontré al hombre adecuado, construí la relación saludable que siempre había deseado y me casé, esta vez por verdaderas razones...

¿De dónde procede la vieja regla que ha dominado la vida de tantísimas mujeres? Se ha desarrollado sobre la base de miles de años de historia, durante los cuales las mujeres no han tenido ni los mismos derechos ni las mismas oportunidades, ni trabajos o la suficiente habilidad para ganar un salario para vivir, y verdaderamente necesitaban al hombre, cualquier hombre, para la supervivencia física. Sólo teníamos dos caminos: o nos casábamos con quien quisiera tenernos, o entrábamos en un convento. (Tener nuestro propio apartamento con un amigo no era una opción...)

Muchas de las cosas que parecían tener sentido hace siglos no lo tienen ahora: usar el caballo como medio de transporte; cocinar sobre una hoguera; abstenerte de las relaciones sexuales porque no querías tener más hijos. Ahora tienes otras opciones que hacen la vida mucho más fácil y más divertida. A eso se le llama progreso. *La vieja regla, y todas las subreglas que se derivan de ella, tenía sentido hace miles de años, quizás incluso hace sólo cien años. Pero no hoy en día.*

Aunque recientemente hayas leído algo acerca de esa anacrónica forma de pensar, hayas oído o aún oigas hablar de ella a familiares o novias; o bien te des cuenta, como a mí me pasó, de que inconscientemente ha dirigido y arruinado tu vida, una cosa es absolutamente cierta: como mujer en la frontera del siglo veintiuno tienes otras opciones. Y de eso es de lo que trata *Las verdaderas reglas*.

Las verdaderas reglas son principios positivos acerca del amor y de las relaciones que te conducirán a un futuro más poderoso y satisfactorio, antes que atraparte en un pasado limitado.

Las verdaderas reglas no tienen nada que ver con que intentes ser lo que un hombre quiere que seas para casarse contigo. En vez de eso, las verdaderas reglas tratan de cómo puedes ser quien tú realmente eres y de cómo encontrar a un hombre que te ame precisamente por ser quien eres.

Las verdaderas reglas no te enseñarán cómo conseguir un hombre: te enseñarán cómo conseguir el hombre adecuado.

Y sobre todo, las verdaderas reglas no se basan en el principio negativo del miedo: miedo de estar sola, miedo de no ser atractiva, miedo de aburrir a un hombre si no te rodeas de un halo de «misterio», miedo de hacer o decir algo incorrecto que «arruine» una relación. Cuando tu conducta o tus opciones están motivadas por el miedo, nunca actúas desde tu yo más poderoso.

Por el contrario, las verdaderas reglas se basan en el principio positivo del amor: amar y honrar tus propios pensamientos, necesidades y sentimientos como mujer; amar y honrar los propios pensamientos, necesidad y sentimientos de tu pareja como hombre, y expresar ese amor por ti misma y por él a través de la sinceridad, la amabilidad y el respeto en todos tus comportamientos y expresiones.

Son veinticinco las verdaderas reglas que compartiré contigo en los siguientes capítulos. Todas esas verdaderas reglas se basan en los siguientes principios básicos a los que yo denomino:

LAS CUATRO LEYES DEL AMOR

1. El objetivo de tu vida no consiste en casarte. El propósito de tu vida es convertirte en la más amorosa y satisfecha mujer real que puedas ser.

2. Tu vida amorosa no debe centrarse en conseguir un hombre, sino en conseguir el hombre adecuado para tu yo auténtico.

3. Una vez que hayas encontrado al hombre adecuado, el objetivo no debe consistir en conseguir de él un compromiso definitivo, sino antes bien en construir una relación real, saludable, amorosa y mutuamente respetuosa.

4. Cuando construyes una relación real, saludable, amo-

rosa y respetuosa con el hombre adecuado, un compromiso amoroso entre ambos surgirá espontáneamente.

Enseguida te presentaré las verdaderas reglas específicas, pero puedes comenzar a cambiar las viejas reglas de pensamiento por las verdaderas reglas de pensamiento, incluso después de leer estas pocas páginas. He aquí un cuadro que puede ayudarte:

Viejas reglas de pensamiento	Verdaderas reglas de pensamiento
Quiero un hombre	Quiero el hombre adecuado para mí
Quiero que me ame	Quiero que me ame por ser quien soy
Quiero convertirme en lo que él ha estado buscando siempre	Quiero estar segura de que él es lo que yo siempre había buscado
Quiero conseguir que se case conmigo	Quiero que construyamos juntos una relación saludable, amorosa, mutuamente respetuosa y que progrese hacia un compromiso para que nuestro matrimonio sea duradero

Tengo unas ganas enormes de compartir contigo esta información. Estoy convencida de que supondrán un punto y aparte en tu vida, como lo supuso en la mía. Tú te mereces conocer las verdaderas reglas.

Cómo dejar de sabotear tu vida amorosa con las viejas reglas

¿Has tenido la tentación de intentar algunas de las llamadas «técnicas» sobre las que recientemente has leído algo en algún libro o revista, basadas en las viejas reglas, con la esperanza de que un hombre se enamore de ti o de que tu novio te haga una proposición de matrimonio?

¿Se te ha pasado alguna vez por la cabeza el consejo oído de labios de tu madre o de algunas amigas sobre que «se ha de luchar de firme para conseguir un hombre», o incluso te has parado a considerar si a ti misma te daría resultado?

¿Te molesta admitir que, aunque estés en desacuerdo con ellas, has considerado, secretamente, la posibilidad de usar algunas de las viejas reglas porque estás cansada de seguir soltera?

Si contestaste «sí», «quizás» o incluso «no estoy segura»: ¡déjalo todo y lee este capítulo ahora mismo! Antes de que salgas camino de tu próxima cita, antes de que hables con un hombre por teléfono, o incluso antes de que salgas de casa, piensa acerca de lo siguiente:

- Practicar las viejas reglas puede sabotear tu autoestima y suprimir tu capacidad real de relacionarte.

- Practicando las verdaderas reglas, no sólo encontrarás el hombre adecuado para ti, sino que te sentirás más segura que nunca en todas las áreas de tu vida.

La mayoría de las mujeres que conozco no sólo quieren una gran relación, da igual que tengan diecisiete o setenta, sino que también quieren sentirse realizadas y con poder sobre su vida. A todas nosotras nos gustaría que nuestros sueños se hiciesen realidad, tanto si esos sueños son los de crear un matrimonio feliz y una familia amorosa, o los de tener negocios prósperos. El diccionario define la palabra «poderoso» con los significados de fuerte, capaz, efectivo, impresionante y confiado frente a sus contrarios, impotente, débil, ineficaz y dependiente. Junto a querer sentirnos poderosas, la mayoría de nosotras queremos sentirnos bien acerca de nosotras mismas: queremos tener un fuerte sentido de autoconfianza y autoestima. Y, naturalmente, cuanta mayor autoestima posees, más capaz y poderosa te sientes, y más atraes a la gente adecuada.

Pues ahora adivina qué: cada vez que pones en práctica una de las viejas reglas, estás saboteando tu autoestima y tu propio poder. Las viejas reglas pueden dar la impresión de ser un estúpido e inofensivo método para conseguir marido, pero son bastante más peligrosas que eso, pues cada vez que actúas siguiendo una vieja regla estás reforzando creencias negativas acerca de ti misma.

¿Es ese el tipo de mujer que quieres llegar a ser?

La premisa de las viejas reglas consiste en que tu objetivo es hallar un hombre y conseguir que se case contigo. Tú eres la cazadora, y él es la pieza. Tu objetivo es *atraparlo*. Pero las viejas reglas dicen que desea, de su natural, comprometerse contigo —no quiere ser atrapado—, luego, de algún modo, tú has de tenderle una trampa para que caiga en tu engaño:

- No le puedes revelar demasiado acerca de ti, de quién eres, o él perderá interés.

- No puedes mostrar tus verdaderos sentimientos, o dejarás de interesarle.

- No puedes ser demasiado sincera, o se aburrirá contigo.

- Tienes que parecer inalcanzable. Como él piensa que no puede tenerte, te deseará y entonces ¡ya lo tienes!

A eso se reducen las viejas reglas: métodos para conseguir lo que quieres de un hombre a través del engaño, la deshonestidad y la ausencia de amor.

Hay una palabra para este tipo de conducta:

MANIPULACIÓN

Manipulación es lo contrario de verdadero poder. Cuando tú eres una mujer poderosa, no necesitas manipular a nadie para conseguir lo que deseas. No tienes que fingir, jugar a los equívocos, esconder la verdad o actuar.

Esto nos lleva a la segunda premisa de las viejas reglas: necesitas imaginar lo que un hombre concreto quiere de una mujer y convertirte en eso para ser una persona con la que le sea fácil estar. Tu objetivo es encajar en su esquema de la mujer ideal. No quieres que tenga ni la más mínima excusa para rechazarte, luego actúas según tú crees que él quiere que actúes: otra palabra para esta conducta humillante es:

MASCARADA

Mascarada es lo contrario de la confianza y la autoestima. Cuando tú verdaderamente amas y te respetas, no has de esconder partes de tu personalidad a un hombre para que no se asuste de ti. No has de mentir acerca de tus sentimientos y opiniones bajo una sonrisa de disimulada coquetería mientras dices dulcemente: «Lo que tú quieras ya me va bien».

Así pues, cada vez que escoges seguir una vieja regla, estás reforzando sentimientos de impotencia o de baja autoestima. Es como si dijeras:

«No soy lo bastante inteligente, lo suficientemente maravillosa o lo bastante interesante para conseguir que un hombre pase su vida conmigo por ser yo quien soy, luego voy a tener que manipularlo para que me desee, y disfrazarme de quien no soy.»

DE CÓMO LAS VIEJAS REGLAS SON EL ENEMIGO DE TU AUTOESTIMA

He aquí por qué las dos emes, manipulación y mascarada, son los enemigos del verdadero poder y de la autoestima, y por qué las viejas reglas no funcionan:

1. Nunca desarrollas la confianza en ti misma cuando usas la manipulación y la mascarada con los hombres. Desde que sabes que conseguiste el amor o el interés del hombre merced a no comportarte de modo natural y a no ser tú misma, nunca más te sentirás relajada ni podrás confiar en su amor hacia ti.

2. Nunca desarrollas un verdadero poder cuando usas la manipulación y la mascarada con los hombres. Desde el momento en que tú sabes que has empleado técnicas artificiales para conseguir que un hombre se interese por ti, dependes de esas técnicas para retenerlo. Nunca puedes sentirte verdaderamente poderosa cuando dependes de algo que es ajeno a ti.

3. Hay una fórmula secreta que todos los hombres saben que se esconde en las viejas reglas:

$$m + m = b$$

Lo que significa: manipulación + mascarada = bruja

De acuerdo, «bruja» es un término coloquial, y hasta casi de argot, pero todas sabemos muy bien lo que significa.

Prueba este experimento: pide a cualquier hombre que lea la siguiente descripción de una mujer y la resuma en una sola palabra: «Una mujer lianta, que actúa con frialdad para conseguir lo que quiere, que pretende que no está interesada en quien la corteja, que te quiere vulnerable y abierto, pero que no quiere ser ni abierta ni vulnerable contigo, que actúa como si no te necesitara, que te juzga por los regalos que le haces, que te hace pagar por todo y que no tiene en cuenta tu agenda».

Estoy segura de que nueve de cada diez hombres dirán: «Es fácil: ¡esa es una bruja!».

Es así de simple. Podemos conseguir que suene mejor, con palabras más intelectuales, pero el fondo es lo mismo: si sigues las viejas reglas, independientemente de la posible bondad de tus intenciones, lo más seguro es que les parezcas a los hombres una bruja. Los únicos hombres que pueden encontrar atractiva a esa clase de mujer son hombres que, definitivamente, no quieres que formen parte de tu vida.

¿Cuál es la alternativa?

¡LAS VERDADERAS REGLAS!

Segunda parte

Las verdaderas reglas para encontrar la relación adecuada

Regla verdadera 1: Trata a los hombres como tú quieres que ellos te traten a ti

La regla verdadera 1 es el corazón de todas las verdaderas reglas. No se refiere sólo al amor, sino a la vida. ¿Te suena? Pues debería. Quizás aprendiste una versión de lo mismo en la catequesis cuando eras pequeña, u oíste predicar sobre ello en la iglesia o en la sinagoga. Tradicionalmente se la considera como la regla dorada: condúcete con los otros tal y como tú quisieras que ellos se condujesen contigo. En India se la llama la ley del karma: tus buenas acciones para con los demás producirán, inevitablemente, buenos efectos en tu propia vida; tus malas acciones producirán indeseables efectos en tu propia vida.

Comoquiera que la llamemos, la regla verdadera 1 significa sólo una cosa: trata a los demás (en este caso a los hombres) como te gustaría que te tratasen a ti.

- Si quieres que un hombre sea considerado contigo, lo has de ser tú con él.
- Si quieres que un hombre sea sincero contigo, lo has de ser tú con él.
- Si quieres que un hombre te respete, has de respetarlo tú.
- Si quieres que un hombre se te abra, has de abrirte tú a él.

El reverso de la regla verdadera 1 es, por supuesto: no trates a un hombre como tú no quieres que te traten a ti.

- Si no quieres que un hombre juegue contigo, no juegues tú con él.

- Si no quieres que un hombre te manipule, no lo manipules tú.

- Si no quieres que un hombre sea frío contigo, no lo seas tú con él.

- Si tú no quieres que un hombre comparta contigo su verdadero ser, no hagas tú lo propio... ¿Captas la idea?

La regla verdadera 1 se basa en la creencia de que, desde un punto de vista cósmico o espiritual, todos los seres han sido creados iguales y tienen el mismo valor; los hombres no son más valiosos que las mujeres, ni las mujeres más valiosas que los hombres o superiores a ellos. Por lo tanto, los hombres deben ser tratados con la misma cortesía y respeto que a ti te gustaría que ellos te mostrasen. Es de sentido común.

Si eres una mujer que quieres la igualdad de salarios, de derechos sociales y de oportunidades en la vida, ¿cómo puedes ofrecer a un hombre todo menos la igualdad en una relación? No puedes tener ambas cosas. No puedes decir: «Creo que mi novio y yo somos iguales, pero también creo que debe ser él quien cargue con el peso de tomar la iniciativa y el único en exponerse al rechazo». Eso es simple y llano egoísmo, y en modo alguno sigue las verdaderas reglas.

Aun cuando olvides el resto de las verdaderas reglas, vuelve, en caso de duda, a la regla verdadera 1, y probablemente tomes la decisión correcta acerca de cómo has de actuar o qué debes decir en una relación, pues, en ese caso, tu decisión estará basada en el respeto y en el juego limpio.

¿Qué te parece la idea de las viejas reglas acerca de que el orden natural de la vida es que los hombres persigan a las mujeres, que los hombres son como animales que aman la caza, y que nosotras hemos de tratarlos como tales, convirtiéndonos en inaccesibles, haciéndoles imposible saber cómo sentimos? A mi modo de ver es sencillamente una basura irrespetuosa y denigrante. Sostener que a los hombres les encanta luchar e ir a la guerra porque aman los desafíos y que, en consecuencia, tú debes convertir su conquista en algo tan difícil como te sea posible es una idea tan estúpida como sostener que a las mujeres les encanta limpiar baños y fregar suelos, y que pertenece al orden natural de las cosas el que seamos ciudadanas de segunda categoría. Sí, es cierto que los hombres han sido condicionados a través de la historia para jugar el papel de cazador, ¡pero eso no significa que tú hayas de confirmarles en él actuando como una presa huidiza! ¿Por qué sacar lo peor de un hombre adrede? ¿Cómo te sentaría que tu jefe te dijera que nunca iba a ascenderte porque tú eres una mujer y, por lo tanto, no tan capaz como los hombres? ¿Qué te parecería el hecho de que estuvieras intentando conseguir una beca para ir a la universidad y tu tutor le diera la beca a un chico, alegando que las mujeres no son tan inteligentes como los hombres? Te sentirías ultrajada, ¿o no? ¿Es esa actitud tan diferente de la de pensar que los hombres deben ser tratados, en una relación, con reglas diferentes de las que se han de emplear contigo?

La regla verdadera 1 dice que la prueba más simple para cualquier regla que estés considerando usar en una relación es ésta: *dale la vuelta*, conviértelo en la regla que un hombre ha de seguir para tratarte a ti, y considera si, desde esa óptica, te parece adecuada.

Por ejemplo, una vieja regla es: «No lo llames por teléfono y apenas le devuelvas las llamadas». Ahora dale la vuelta e imagina que es su regla: «No la llames nunca por teléfono y apenas le devuelvas las llamadas». ¿Te suena esto al tipo de chico con el que quieres relacionarte? Me parece que no...

Probemos con otra: «No seas la primera en dirigirte a un hombre». Vale, cámbiala: «No seas el primero en dirigirte a una mujer». Imagina lo emocionante que sería tu vida amorosa si entraras en una fiesta y supieras que todos los hombres siguen esa regla y hubieras de ser tú quien tomara la iniciativa incluso para tener una simple conversación.

Creo que has entendido lo que quiero decir. La regla verdadera 1 te recuerda que para que una regla sea válida ha de ser justa. Si, por el contrario, tú, como muchas mujeres al estilo de las viejas reglas, tienes un repertorio de reglas sobre cómo debes tratar a un hombre, pero otro distinto para cómo ha de tratarte él a ti, estás haciendo trampas.

O sea, cuando tengas dudas, apela a la regla verdadera 1. Por ejemplo, un amigo te da dos localidades para un concierto, y tú te preguntas si invitar a un chico con el que acabas de empezar a salir. Usa la regla verdadera: ¿te hubiera gustado que él te invitara a un concierto? ¿Sí? Pues adelante. O pongamos por caso que tienes una cita con un hombre que realmente te gusta y te lo estás pasando bien. ¿Deberías decir algo? Usa la regla verdadera: ¿te gustaría que él te dijera que se lo pasa muy bien contigo? ¿Sí? Pues adelante.

¿Qué es lo peor que puede suceder en estas situaciones? Muestras alguna amabilidad, cariño o entusiasmo y no te es devuelto... ¡Y qué! Incluso si la relación no prospera, tú no perdiste nada. Siempre que compartas tu bondad, tu pasión por la vida y tu corazón, acabarás ganando, porque lo que tú aportas al Universo volverá a ti.

REGLA VERDADERA 2: RECUERDA QUE LOS HOMBRES NECESITAN
TANTO AMOR Y SEGURIDAD COMO TÚ

A ntes de que comencemos a tratar de las verdaderas
reglas de forma más específica, necesitas comprender la regla verdadera 2. Esta regla verdadera no es
tanto una conducta cuanto una actitud hacia los hombres
cuando sigues las verdaderas reglas. Y lo que es más importante, es una actitud que debes mantener en todo tipo de relaciones que mantengas con los hombres. Los hombres que
capten esa actitud, llegarán a la conclusión de que los comprendes, y serán más proclives a abrirte sus corazones.

He pasado más de veinte años de mi vida estudiando a los
hombres, impartiendo seminarios para ellos, contestando
miles de cartas de hombres, hablando a las mujeres acerca de
los hombres y a los hombres acerca de sí mismos. Y estoy
aquí para decirte que, contrariamente a la creencia popular,
los hombres son tan sensibles como las mujeres, y necesitan
tan seguridad y tranquilidad como nosotras. Esta es la regla
verdadera 2. Cada hombre que puedas encontrar caerá dentro de una de estas tres categorías:

Categoría uno: hombres que tú no quieres. Hay hombres que
tienen serios problemas en las áreas de los compromisos, la
intimidad y la integridad. Sencillamente no están preparados
para mantener una relación con nadie. Esos pobres chicos
necesitarían un buen trabajo psicológico, aunque ellos no estarían de acuerdo con ese juicio. Por cierto, estos son, usualmente, los mismos hombres que responden a los juegos de
caza de las viejas reglas. (Véase la regla verdadera 3.)

Categoría dos: perfectos hombres cultos que no tienen rémoras emocionales, ni inseguridades y que han desarrollado habilidades físicas que les permiten satisfacer tus necesidades en todo momento. Ni hace falta decir que no hay nadie que entre en esta categoría, excepto un puñado de *swamis*, sacerdotes y monjes que no están disponibles.

Categoría tres: hombres que quieren una relación amorosa y comprometida, pero que, igual que tú, le tienen miedo al rechazo, así como a ser heridos y, en consecuencia, necesitan amor y apoyo.

Debería ser obvio que a los hombres de la categoría uno se les debe evitar como a la peste. (Véanse las reglas verdaderas 8-13.) ¡Los hombres de la categoría dos en modo alguno constituyen una opción! Eso significa que la mayoría de hombres que encontrarás pertenecerán a la categoría tres.

He aquí la verdad secreta acerca de los hombres de la categoría tres: no son diferentes de ti o de cualquier mujer en un aspecto muy significativo: sienten tan hondamente y, vuelvo a repetir, necesitan tanto amor y confianza como tú misma. Puede que ellos no lo acepten de forma franca; puede que ni siquiera lo admitan después de casarse. Pero créeme: es verdad. En sus corazones, los hombres necesitan sentirse amados, sentirse especiales, seguros y sabedores de que están haciendo un buen trabajo en la vida y en su relación.

¿Tú sabes cómo se llena de toda clase de miedos tu cabeza cuando estás sopesando permitir que un hombre sepa que estás interesada por él? Los hombres sienten de un modo idéntico cuando están considerando si se acercan a ti. ¿Sabes los nervios que tienes antes de una cita con un chico que realmente te gusta? Los hombres sienten lo mismo antes de una cita contigo. De hecho, ellos se sienten aún peor, pues, según las viejas reglas, es responsabilidad del hombre tomar la iniciativa, pedir la cita, hacer planes, buscar afecto y seguir todos los pasos que conducen hasta la proposición matrimonial. Piensa en ello: una situación tras otra en las que él se expone al rechazo.

He aquí un cuadro que te ayudará a comprender mejor la regla verdadera 2:

Deseos secretos del hombre	Miedos secretos del hombre
Te quiere hacer feliz	Teme no saber cómo
Quiere agradarte	Teme no ser suficiente para ti
Quiere hacer bien las cosas	Teme cometer errores
Quiere sincerarse y amar	Teme que lo rechaces

Déjame preguntarte algo: ¿cuándo te sientes segura para sincerarte? Para la mayoría de mujeres, la respuesta es: «Cuando me siento realmente amada». Pues la misma regla verdadera es aplicable a los hombres. Cuanto más ames y aprecies a un buen hombre, más seguro se siente para expresar sus sentimientos y más se abrirá para amarte.

Aplicar la regla verdadera 2 significa no olvidar nunca que dentro de cada hombre increíblemente deseable y por quien te mueres por entrar en contacto con él es un niño asustado que tiene idéntico miedo al rechazo que tú. No subestimes el poder que tienes para herirlo, sea por actuar con frialdad, tomarte a broma lo que dice o hacer algún comentario sarcástico sobre algo que no haya hecho bien. Puede que él no hable acerca de ello, pero créeme, lo recordará siempre.

De modo que en lugar de sentirte intimidada por los hombres, empieza a acostumbrarte a mirarlos con ojos distintos y más sensibles, reconociendo que ellos necesitan tu amor tanto como tú el suyo. Te sentirás más relajada y espontánea entre los hombres cuando recuerdas la regla verdadera 2. Créeme, cuanto antes muestres a un chico que no lo consideras un estereotipo, cerrado, emocionalmente masculino, antes se abrirá a ti para convertirte en parte indispensable de su vida.

Regla verdadera 3: Aléjate de los hombres a los que no les gustan las verdaderas reglas

¿Cuál es uno de los mayores problemas que tienes al comienzo de cualquier relación? *Pues cómo saber si estás con el hombre adecuado o no antes de que las cosas vayan demasiado lejos.* ¿Cuántas veces te has liado con un chico, e incluso te has acostado con él, sólo para descubrir, al cabo de tres o seis meses, que no era la clase de persona con la que querías estar y que, en efecto, ni te gusta ni le respetas?

He aquí uno de los grandes beneficios de usas las verdaderas reglas: *cuando pones en práctica las verdaderas reglas, los hombres no adecuados se eliminan ellos solos, y de forma automática, de tu vida.* ¿Por qué? Porque las verdaderas reglas hacen sentir incómodos a los hombres inapropiados.

Las verdaderas reglas son como un detector de hombres saludables. Los chicos que te parecen buenos adorarán las verdaderas reglas. Los chicos con hábitos amorosos poco saludables odiarán las verdaderas reglas.

Hagámosle frente: hay algunos hombres por ahí que encajan perfectamente en el estereotipo de las viejas reglas. Son ese tipo de hombres que llaman a las mujeres a las que apenas conocen «cariño», «pequeña» y «muñeca». Creen que a las mujeres debe evitárseles que asuman demasiadas responsabilidades en la vida. Creen en la mentalidad de que «los chicos siempre serán los chicos», es decir, esperan poder hacer lo que quieran sin tu ayuda. Pueden actuar como si fueras una princesa, pero sin duda ellos se consideran el rey.

A este tipo de hombres le encanta cazarte. Les hace sentirse exitosos, potentes y viriles. La caza y captura alimenta su insatisfecha necesidad de sentirse poderosos. En consecuencia, les gustan las mujeres coquetas, manipuladoras y misteriosas, porque les excita el desafío de conquistarlas. Cuando cedes ante ellos, han ganado y, a pesar del anillo brillante de tu dedo, tú has perdido. ¿Por qué? *Los hombres estilo viejas reglas no quieren una mujer real, sino un trofeo, una posesión, un premio.*

Hombres estilo viejas reglas

- Quieren sentir que poseen el control de la situación.

- Piensan que el sexo masculino es superior.

- Creen que las mujeres tienen un papel limitado en la vida.

- Les incomoda la verdadera intimidad.

- No les gustan las mujeres poderosas.

- Creen que su opinión cuenta más.

- Son adictos a la caza, y son más proclives a ella cuando se aburren.

- Te juzgan por tu aspecto, tu peso y la medida de tu pecho.

- Quieren sentirse más listos que tú.

- No les gusta que los cuestionen o los desafíen.

- No están interesados en mejorarse para ti.

- No quieren que la relación sea más profunda, aunque estéis casados.

- Se sentirán amenazados si tú los sobrepasas en cualquier área (intelectual, renta, etcétera).

Si vas buscando esa clase de marido, puedes tirar este libro a la basura ahora mismo, porque a los hombres estilo viejas reglas no les gustan las mujeres estilo verdaderas reglas, desde el punto y hora en que tú no aceptas seguir su juego.

¿Quiénes son esos chicos y cómo han llegado a ser así? Por lo general se trata de hombres acomplejados durante su infancia por un padre dominante o una madre hipercrítica, y que deciden que cuando crezcan serán ellos quienes ejercerán el control de cuanto les rodea: personas y cosas. Quizás incluso han contemplado cómo su padre amenazaba a su madre y han decidido que todo se reduce a «mandar o ser mandado». O quizás su padre era un ser débil y apocado que permitía que su madre lo tratara como a una basura, y por lo tanto el niño decide que cuando se haga mayor no tolerará que ninguna mujer lo controle. El fondo del asunto consiste en que los hombres formados al estilo de las viejas reglas están siempre motivados por un miedo inconsciente hacia las mujeres y por un secreto sentimiento de inadecuación. ¡Después de todo, un hombre seguro y confiado no tiene que estar probándose y probándote que lo es, cada cinco minutos!

Deberías sentir pena por esos pobres chicos descarriados, pero no tanta como para estar con uno de ellos. No intentes rehabilitar a ninguno de ellos si conoces a alguno, por más que te parezca tentadora la idea. Reconócelo como lo que es, un hombre estilo viejas reglas, y apártate de su camino.

¿Cómo, entonces, debes usar las verdaderas reglas para eliminar a los hombres inapropiados y dejar sitio para los adecuados? Es sencillo: comienza a aplicar las verdaderas reglas y empezarás a ver que los chicos que no te convienen salen huyendo en dirección contraria. Por ejemplo: estás en una fiesta y un amigo te presenta a un chico que te parece atractivo. Las viejas reglas dicen que no has de establecer una comunicación visual directa, que no has de hablar mucho, dejarle tomar la iniciativa y no manifestar tu interés. En lugar de eso, prueba las verdaderas reglas:

a) Manifiesta quién eres hablando de lo que te interesa (regla verdadera 15)

b) No juegues (regla verdadera 4) si él te invita a salir con él dentro de dos o tres días y tú estás libre y deseas hacerlo, no finjas que estás muy ocupada y digas «no».

c) Si te gusta, házselo saber (regla verdadera 6). Si él dice que se lo pasa bien hablando contigo, no hagas pausas misteriosas y bajes el tono de tus respuestas. Dile que también te encuentras a gusto estando con él.

Ahora bien, ¿qué ocurre si él parece desinteresarse o de repente se marcha, a mitad de conversación, o no te vuelve a llamar, tal y como te había prometido? ¿Significa todo eso que las verdaderas reglas no funcionan? No, en absoluto. Antes bien, todo lo contrario: ¡funcionan perfectamente! ¡Enhorabuena! Has usado las verdaderas reglas para eliminar de forma rápida y efectiva una posible relación dolorosa con un hombre equivocado. Cuando antes detectes los chicos estilo viejas reglas y los elimines como posibilidades, antes podrás encontrar un hombre estilo verdaderas reglas emocionalmente saludable y desarrollar con él la relación con la que siempre has soñado.

REGLA VERDADERA 4: NO JUEGUES CON ELLOS

Las verdaderas reglas tienen que ver con ser inteligente. Las mujeres inteligentes no juegan con los hombres. Las viejas reglas tienen que ver, por el contrario, con la práctica constante de esos jueguecitos. ¿Por qué no debes jugar en las relaciones?

- Juegan las mujeres que están convencidas de que no son lo suficientemente inteligentes como para descubrir el modo de comunicarse con un hombre o de conducirse ante él, y en vez de eso, memorizan absurdas listas de lo que deben y no deben hacer.

- Jugar está reservado a mujeres a las que se les ha avisado de que no deben usar sus propios instintos naturales y a las que están convencidas de que asusta, mentalmente, pensar qué deben hacer en cada situación y en cada momento.

- Los juegos están reservados a mujeres a las que se les ha hecho creer que el objetivo de una relación es conseguir un premio —un anillo de compromiso— y que ellas han de ser las ganadoras.

Los juegos son, en realidad, para los niños, o para la gente que quiere actuar como tales. Los buenos padres enseñan a sus hijos a no mentir, a no fingir, a no engañar a la gente. ¿Te parecería bien que tus hijos practicaran esos juegos contigo? Creo que no. Entonces, ¿por qué te parece correcto practicar esos juegos con los hombres? ¡No lo es en absoluto!

He aquí por qué te equivocas cuando practicas esos juegos en tus relaciones: las bases de la mayoría de los juegos son la decepción, el secreto y la competición. Si estoy jugando a las cartas, no quiero que otro jugador sepa qué cartas tengo en la mano: quiero tener la ventaja que eso supone. Si estoy jugando al tenis, no quiero que mi contrincante sepa dónde le voy a colocar el servicio. Si estoy jugando al ajedrez, quiero tener más piezas que mi oponente.

Decepción, secreto y competición pueden ser buenos para las cartas, el tenis y el ajedrez, pero no tienen lugar en tu vida amorosa.

¿Sabes lo que me dicen siempre los hombres? Dicen que una de las razones por la que las mujeres no tienen fama de ser tan inteligentes como los hombres es su manía de practicar jueguecitos. «¿De verdad creen las mujeres que no sabemos lo que ocurre cuando están jugando con nosotros?», me preguntan los hombres.

Por supuesto que un hombre sabe qué estás haciendo. Incluso puede seguirte el juego durante un rato, pero a la larga no conseguirás su respeto. Y si él no sabe que juegas con él, ¿cómo puedes tú respetarlo? *Si un hombre es lo bastante estúpido como para dejarse atrapar por los juegos de las viejas reglas, ¿para qué lo quieres?*

«Espera un momento —puedes estar pensando—, ¿qué pasa con esos chicos que no ignoran lo que ocurre y que les gusta, hombres a los que les gusta que las mujeres se traigan esos juegos entre manos y usen las viejas reglas? Como ya dijimos en la regla verdadera 3, hay algunos hombres que responden psicológicamente a la manipulación. Tú te muestras indiferente, imposible de conseguir y demasiado ocupada para atenderle y repentinamente todo su afán es conseguirte. ¿No es ese el resultado que estabas esperando? ¡No!

Recuerda: el hecho de que te quiera *no significa que te* ame

Estoy convencida de que has tenido la experiencia de desear algo exclusivamente porque has pensado que te era imposible obtenerlo. Ejemplo: rompes con un chico y descubres varias semanas más tarde que sale con una de tus amigas. Por un momento te dices: «Quizás no era tan malo, después de todo... quizás he sido demasiado expeditiva». Si eres inteligente, te darás cuenta de que realmente no quieres que regrese: lo único que sucede es que no te gusta no ser capaz de tenerlo. Tu deseo es una respuesta refleja de tu ego, no una respuesta que provenga del corazón.

Esto es exactamente lo que les sucede a los hombres cuando tú juegas con ellos, juegos al estilo de:

«No puedes conseguirme»

«Tal vez me gustes, tal vez no»

«Intenta adivinar qué hago las noches en que no nos vemos»

«¿No soy un auténtico misterio?»

Los hombres que responden a esos jueguecitos, hombres que se ven a sí mismos como cazadores y a ti como la pieza, son los hombres de los que debes alejarte. Atraerlos a propósito es un gran error.

¿Cuál es la alternativa a los juegos y al espíritu manipulador? Ser inteligente y ser alguien adecuada gracias a las verdaderas reglas.

Un guión real sobre cómo puedes usar las verdaderas reglas para examinar a un hombre

La situación: acabas de iniciar una relación con un chico que realmente te gusta, y tú no quieres sentirte excesivamente excitada por la idea de compartir tus sentimientos con él hasta conocerlo mejor y saber cuáles son sus sentimientos. Un modo de enfocar ese problema consiste en usar las viejas reglas: nunca manifiestes entusiasmo cuando te pida que salgas con él; nunca le llames por teléfono; nunca le devuelvas las llamadas; y actúa de modo indiferente cuando te regale flores u otros presentes. En otras palabras, puedes jugar con él y probarlo.

He aquí por qué esta opción no sólo es irrespetuosa, sino también arriesgada. Merced a no manifestar tu entusiasmo, no invitarlo nunca a ir a alguna parte y actuar como si sus regalos no te importaran en absoluto fácilmente puedes conseguir que él piense que no te gusta y, en consecuencia, renunciar a la relación.

En vez de eso, usa las verdaderas reglas.

Pongamos por caso que tienes una cena con ese hombre. Puedes hacerte preguntas (regla verdadera 7) que te ayudarán a determinar cómo siente él. Podrías preguntarle si ha tenido alguna relación seria con alguna otra mujer antes, y ver cómo responde. Por ejemplo, si él contesta «no» y cambia de tema, te ha permitido saber que no está acostumbrado a hablar sobre su intimidad e incluso que no se siente cómodo hablando de ella, lo que constituye un par de avisos (regla verdadera 10) para que te conduzcas con extrema atención y cautela.

Por otro lado, pongamos que dice: «Sí, salí con una mujer durante tres años en la universidad, pero rompimos al licenciarnos». Te ha dado una información y se muestra abierto. Hazle, con suavidad, otra pregunta: «¿Rompiste porque se acababa la universidad y te habías de ir a otro sitio?». Quizás él responda: «Supongo que sí. Éramos excelentes compañeros en la universidad, pero queríamos cosas distintas para el futuro, y ambos nos dimos cuenta de que lo nuestro no podía salir bien».

¿Qué has de hacer después? Lo has adivinado: responder a lo que él te ha contestado con lo que sea apropiado y te salga de dentro.

Por ejemplo, un elogio:

—Caramba, es realmente fantástico que ambos pudierais ser tan sinceros el uno con el otro, y con vosotros mismos, acerca de lo que queríais. Ojalá hubiera más hombres como tú.

O una revelación acerca de ti misma:

—Entiendo lo que me dices. A mí me pasó algo similar con un chico una vez. Estuvimos juntos durante un año y a lo largo de ese tiempo yo me interesé profundamente por la psicología y la filosofía en unos cursos que estaba haciendo. Él pensaba que era una pérdida de tiempo, y aunque nos preocupábamos el uno por el otro, no tardamos en llegar a la conclusión de que no éramos compatibles, y dejamos de salir juntos.

O un reconocimiento de lo que ha dicho y una nueva pregunta:

—Debe haber hecho falta un montón de coraje para reconocer eso mutuamente sintiéndoos tan cerca el uno del otro. ¿Qué buscabas tú en tu futuro que era distinto de lo que ella esperaba para el suyo?

¿Qué consiguen tus respuestas? ¡Muchísimo! He aquí lo que significan para él:

- Le permiten saber que tú le aprecias por ser él quien es (regla verdadera 16)
- Le permiten saber que eres sensible, inteligente y compasiva (regla verdadera 5)
- Le dan bastante información acerca de ti y de tus intereses (regla verdadera 15)

¿De qué te sirven a ti sus respuestas?

- Te dicen algo acerca de su carácter (regla verdadera 9)
- Te ofrecen una clave acerca de lo que él busca en una relación.
- Te dan una idea bastante aproximada de su nivel de comodidad con los temas emocionales, la intimidad y la conversación sincera.

¿No es sorprendente que sólo por usar unas pocas de las verdaderas reglas, en una conversación de tres minutos, puedas averiguar tanto acerca de un hombre? La información que recibes en una conversación tan breve pero sincera, será mucho más valiosa para ti a la hora de determinar hasta qué punto quieres involucrarte en una relación, que si hubieras apostado fuerte para ver cómo reaccionaba.

Te garantizo que así que hayas comenzado a usar las verdaderas reglas y descubras cómo funcionan, no volverás a tener dudas:

Practicar jueguecitos es el camino equivocado para conseguir el hombre adecuado.

N
o podría haber una regla verdadera más fácil de seguir que ésta. Y sin embargo, probablemente no hay una regla verdadera que las mujeres ignoren tanto como ésta. Sé tu misma significa que:

- No debes tratar de aparecer como quien no eres.

- No debes intentar crear una imagen de ti misma con arreglo a lo que creas que le puede gustar a un hombre en particular.

- No debes tratar de imitar el tipo de mujer con la que, según te han dicho, quieren casarse los hombres.

- No debes intentar comportarte como tu amiga sólo porque ella atrae a los hombres.

Ser tú misma significa conducirte, comunicarte y actuar de forma auténtica, no imitada. Por ejemplo, si tú eres una mujer entusiasta y energética, no sería auténtico para ti el intentar disimular la excitación que te produce el pasártelo bien con un hombre. Si tú eres una mujer con un gran sentido del humor, no sería apropiado para ti el no intentar decir algo gracioso durante una cita de cuatro horas. Si eres una mujer que ama las discusiones intelectuales, no sería apropiado que te guardaras tus opiniones durante una conversación con tu novio.

Ser tú misma también significa reaccionar espontáneamente en cada momento, antes que seguir una lista predeterminada de viejas reglas. Si entra dentro de tu manera de ser el invitar a un chico que te gusta a la fiesta de unos amigos, aunque él sólo te ha pedido que salgáis una vez, hazlo. Si forma parte de tu manera de ser el compartir tu tristeza con tu acompañante acerca de una tragedia acaecida a alguna de tus amigas antes de la cita, en el mismo día, porque no te gusta pasar por alguien que se despreocupa, hazlo. Si ser tú implica pasarse media hora al teléfono con un chico con quien comienzas a salir, pero quien se abre a ti acerca del divorcio de sus padres, y aunque él pueda concluir que te gusta, hazlo.

¿Qué es lo contrario de ser tú misma? Seguir el consejo de las viejas reglas: actuar y retraerse.

Actuar significa:

- Comportarse fríamente, incluso aunque te preocupes por la relación.

- Comportarse como si todo fuera estupendo, aunque no sea así.

- Comportarse como si no estuvieras interesada, cuando en realidad lo estás.

- Comportarse como si estuvieras demasiado ocupada para salir con alguien, a pesar de que estás disponible.

- Comportarse «amistosa, ligera y jovialmente», aun a pesar de querer mostrar tu auténtica intimidad.

- Comportarse con indiferencia cuando un chico te hace un regalo, aunque te haya conmovido y te sientas agradecida.

Retraerse significa:

- Esconder información acerca de ti misma, a pesar de que un hombre te pregunte sobre ello.

- Esconder tus sentimientos, a pesar de que él te muestre los suyos.

- Reservarte tus opiniones.

- Esconder tus preferencias, tus gustos.

¿Qué tiene de malo actuar y retraerse?

1) Siempre que actúas y te retraes, estás siendo deshonesta con un hombre.

Todo el fundamento de las viejas reglas consiste en que tú sólo deberías mostrar, y cuidadosamente, escogidas piezas de ti misma a un hombre para que a éste no le desanimen aspectos indeseables de tu personalidad o le asusten hechos concretos de tu vida, de la pasada y de la presente: se supone que has de actuar como su ideal de mujer y, una vez que lo hayas conseguido, puedes revelar el resto de tu personalidad.

Este es un modo decepcionante de tratar a un hombre que te interesa. Él cree que tú eres tímida y tranquila, y descubre más tarde que se trataba de una representación, que eres borrascosa y expresiva. Cree que eres una persona extrovertida y jovial, y descubre que eres introvertida y sujeta a una terapia psicológica. Cree que te gustan las mismas cosas que a él, y luego descubre que vuestros gustos y preferencias son completamente opuestos.

¿Qué te parecería si un hombre actuara de cierta manera durante los primeros cinco meses de vuestra relación y, una vez que te hubiera conseguido y hubierais tenido relaciones sexuales, se revelara que él no es como tú pensaste que era? Creo que te sentirías furiosa, estafada y como si se hubieran aprovechado de ti. Y tendrías razón.

2) Siempre que actúas y te retraes, estás siendo deshonesta contigo misma.

Cuando no eres tú misma, te estás tratando de forma irrespetuosa. Es como si le dijeras a tu alma: «Estoy avergonzada de quién eres, por lo que voy a esconderte hasta que consiga atrapar a este chico. Después te sacaré del cuarto oscuro». Temporalmente puedes conseguir el amor de un hombre traicionándote a ti misma, pero jamás conseguirás tu propio amor.

3) Siempre que actúas y te retraes es imposible que te sientas relajada.

Cuando practicas las viejas reglas que inhiben tu espontaneidad, corriges tu habilidad para expresarte a ti misma y te fuerzas a actuar, no puedes relajarte. No puedes compartir el instante con tu pareja, porque estás demasiado ocupada controlándote.

Piensa en algo que realmente te gusta: bailar, cantar, practicar deportes, escribir poesía, etcétera. Si yo te digo que mañana, por espacio de una hora, has de realizar esa actividad ateniéndote a un estricto número de reglas y que se te juzgará por los resultados, apuesto lo que quieras a que no te sentirás muy excitada por la idea. Cuando llegara el momento de realizar la actividad, ¿creerías que te lo ibas a pasar bien? Probablemente no. En lugar de eso, estarías tensa, nerviosa y temerosa, porque estarías preocupada por hacerlo bien.

¿Qué tal, sin embargo, si te pido lo mismo, pero sin preocuparte acerca de hacerlo correctamente? Seguro que estarías más relajada, serías más creativa y brillarías con luz propia.

El mismo principio es aplicable a las citas. ¿Cómo de natural puedes sentirte si cuentas hasta cinco antes de aceptar una cita para que él no piense que la esperas con ansiedad? ¿Cómo vas a estar relajada al teléfono si estás ocupada en controlar que la llamada no pasa de los diez minutos «prescritos»? ¿De cuánta ansiedad te sentirás liberada en una primera cita si te la pasas intentando no parecer demasiado interesada, intentando no mirarle directamente a los ojos y concentrarte en la servilleta, intentando que no dure más allá de unas pocas horas, que no se te escape que ya has estado casada, que la conversación no derive a cuestiones personales directas, intentando no desagradarle, intentando reservarte tus opiniones, pero dejándole que lleve la iniciativa...? No sé tú, pero si yo tuviera que recordar todo eso, me daría un ataque de nervios.

4) Siempre que actúes y te retraigas, no podrás confiar en el amor que consigas.

Este puede ser el más importante argumento de todos para ser tú misma. No hay nada peor que estar en una relación íntima y sentirte insegura acerca del amor de tu pareja.

¿Cómo puedes llegar a confiar en el amor de un hombre si tú sabes que tú misma estás actuando? ¿Cómo puedes confiar en que él te ama verdaderamente si estás escondiéndole tu verdadera personalidad? No puedes, y no quieres.

Recuerda, las verdaderas reglas no tienen nada que ver con encontrar un hombre, sino con encontrar al adecuado. Y para conseguir ese hombre adecuado, has de ser tú misma, y ver cómo reacciona él ante esa realidad.

Por ejemplo, si eres una persona muy espiritual o religiosa y buscas una pareja que tenga esos mismos valores, sé tú misma y comparte esta parte de tu personalidad en tus primeros contactos con un hombre. Si él te pide salir juntos y tú no puedes porque esa noche tienes servicio religioso o clase de yoga o meditación, dile la verdad. No digas simplemente «Lo siento, estoy ocupada». Él reaccionará de una de estas tres maneras:

1) Él se desanimará y pensará que eres extravagante, en cuyo caso habrás eliminado una pareja incompatible contigo.

2) Será neutral acerca de ello, y continuará con la relación.

3) Se interesará profundamente en lo que estás haciendo e incluso llegará a revelarte que él también es muy espiritual o religioso, lo cual hará más profunda vuestra relación y ésta progresará más rápidamente.

¿Qué sentido tiene ocultar esta información hasta la cuarta, quinta o sexta cita, si luego descubres que él es un ateo cínico, o que piensa que la meditación es para la gente que busca escapar del mundo real? Cuanto antes descubras si sois compatibles, tanto mejor. (Véase la regla verdadera 7 para conocer otras maneras de hacer esto.)

Amarte a ti misma como mujer significa darte permiso para ser tú misma, y saber que si a un hombre no le gusta tu auténtica tú, no es entonces un hombre para ti.

De hecho, ser tú misma es una de las cosas más poderosas que puedes hacer para atraer al hombre adecuado. ¿Cómo se hace? Cuanto más tú misma seas, más relajada y natural serás. ¿Y qué pasa entonces? Cuanto más natural y relajada te manifiestes, más natural y relajado se sentirá el hombre adecuado en tu compañía, y más querrá estar contigo, hasta que descubra que no puede vivir sin ti.

Tú eres única, un ejemplar único de tu clase. No hay otra mujer como tú en todo el mundo. Ese es tu mayor atributo: ser única. No tienes necesidad alguna de competir cuando se trata de ser tú. Celebra quién eres, deja que brille tu personalidad, y cuando el hombre adecuado te encuentre, él te amará por ser quien eres, y sentirá que Dios te ha creado especialmente para él.

Mientras estaba escribiendo este capítulo de las verdaderas reglas, decidí preguntar a una gran variedad de hombres si ellos pensaban que una mujer debería hacerle saber a un hombre que estaba interesada en él. He aquí algunas de sus respuestas no preparadas:

—Si ella no me da a entender que le gusto, ya puede olvidarlo todo, porque yo no me voy a dedicar a cazarla.

—Soy tan tímido que si una mujer no me muestra de algún modo que le intereso, quizás no reúna nunca suficiente coraje como para atreverme a hablarle.

—Me gustan las relaciones en un plan de absoluta igualdad. Si ella está interesada, debe hacérmelo saber; del mismo modo que yo le haría saber si ella me interesa.

—Digámoslo así: si una mujer no me hace saber que yo le intereso, ¿por qué tendría que hacer algo con ella?

—No entiendo el asunto. ¿Por qué habría de querer estar con alguien a quien no le gusto?

Mi respuesta favorita es la última, porque resume el fundamento que subyace en la regla verdadera 6: ¿por qué querría un hombre estar contigo si tú actúas como si no te gustase?

Digamos que conoces a un chico a través de una amiga y que realmente te gusta. Como resulta que tenéis conocidos comunes, os veis a menudo. Tú quieres salir con él, pero decides seguir la vieja regla que dice: «No seas la primera en hablar a un hombre». Se supone que tampoco debes mirarle, sonreírle o parecer que, de algún modo, estás interesada por él. ¿Cómo demonios va a saber ese hombre que te gusta? ¿Cómo se supone que va a reunir el coraje suficiente para pedirte salir cuando no has manifestado ninguna indicación de que él no va a ser humillado o rechazado?

Créeme, ningún hombre sano va a pensar lo siguiente:

«Hmmm, no me ha dicho ni una palabra, ni me ha mirado, me ignora cuando intento captar su atención y parece completamente desinteresada en conocerme... ¡Ya sé: le pediré que salga conmigo!»

Cuando aparentas no estar interesada por un hombre por quien realmente sí estás interesada, también te predispones a la decepción. A no ser que tenga poderosas habilidades mentales y sea capaz de leer tu mente, ¿qué te da a entender que él sabrá que a ti te interesa? Entonces, cuando él no se te acerca y no te llama, tú te sientes totalmente deprimida y llegas a una conclusión inequívoca: «Me temo que no le atraía». Te equivocas: ¡no le has dado pistas fiables!

¿No te hace sentirte bien el que un hombre te muestre que se interesa por ti? ¿No te sientes con mayor confianza si te regala una sonrisa cálida, un cumplido o cualquier otra manifestación que te permita saber que le gustas? ¿No te hace sentirte como en una nube? ¿No te sientes con confianza para dar el siguiente paso precisamente porque te sientes más segura con esa reciprocidad? Por supuesto que sí. ¿Por qué privar entonces a un hombre que te interesa de esa misma experiencia? (Recuerda la regla verdadera 1: *Trata a los hombres del mismo modo que quieres que ellos te traten a ti.*)

Contrariamente a la creencia popular, los hombres son humanos. Necesitan tanto amor y aprobación como tú. Temen tanto el rechazo como lo puedas temer tú. Y quizás más aún que las mujeres, a los hombres no les gusta no hacer las cosas adecuadas o ser mal vistos, por lo que evitarán cualquier situación en la que puedan sentir que han fracasado. Y esto es más verdad cuanto más sensible es el corazón de un hombre.

En otras palabras, el tipo de hombre que andas buscando nunca se acerca primero a ti si no les has dado alguna señal amistosa de que puede hacerlo: una sonrisa, un comentario amable, una mirada interesada mientras está hablando..., algo.

Te sorprendería saber cuántos hombres, incluso aquellos que parecen poderosos, que han alcanzado el éxito y que tienen una inmensa confianza en sí mismos son, secretamente, muy tímidos. Les asusta mortalmente que les rechacen, tanto que incluso ni se acercan a las mujeres. Algunos de los hombres solteros más maravillosos que conozco están esperando que la mujer adecuada les anime a dar el paso.

Lo que no estoy diciendo es que, independientemente de cómo se comporta un hombre contigo, tú debas mirarlo fijamente, caer sobre él, cogerlo del brazo, hacer algunas afirmaciones sugerentes e invitarle a su apartamento. Eso no es mostrar tu interés, es ser repugnante e insensible.

Sin embargo, puedes ofrecer a un hombre claves inocuas y apropiadas que le digan que te gustaría conocerlo. Entonces, si después de varios intentos, él no responde, debes olvidarte de él. ¿Has perdido algo? ¡No! Simplemente has reafirmado a otro ser humano permitiéndole saber que te alegra su presencia. Has ofrecido un poco de calidez y amor. El amor nunca se pierde, aunque lo expreses sólo por un momento.

¿Qué tal el decirle a un hombre que te gustaría salir con el? ¿Por qué no?

a) Si es el hombre adecuado para ti, estará encantado, excitado, y probablemente te confesará que él había estado deseando pedirte lo mismo.

b) Si no es el hombre adecuado, te hará saber que no está interesado, y ya no tienes que obsesionarte con él durante meses: conoces el resultado y puedes seguir adelante.

c) Y si él es un hombre al estilo de las viejas reglas, se sentirá cohibido y pensará para sí mismo: «Me gustaba hasta que se ha manifestado tan echada para adelante y tan agresiva. Se supone que el hombre soy yo...». (Que se vaya con viento fresco ese especimen Neandertal.)

Cuando se trata de comenzar una relación, usa el sentido común. Si tú le pides a un hombre que salgáis juntos, que tengáis una cita y él ni siquiera te llama, no vuelvas a llamarlo: es obvio que no está interesado por ti. Hay una gran diferencia entre mostrar a alguien que te gusta y ser presionadora e inapropiada.

Recuerda: actuar como alguien inalcanzable atrae a algunos hombres: los hombres inadecuados. Ya hemos hablado acerca de la clase de hombres poco saludables que te perseguirán si tú actúas como si no te interesasen (regla verdadera 3):

- Los hombres con baja autoestima a quienes les parece que merecen ser tratados como si no fueran lo suficientemente buenos para ti.

- Los hombres que no están disponibles (casados, temerosos de comprometerse) y que piensan que tú eres «segura» si no estás realmente interesada (ver regla verdadera 8).

- Hombres al viejo estilo y a los que les excita la caza y conquistarte.

- Hombres estúpidos e insensibles que no pueden interpretar tus señales para que se mantengan alejados, que no las captan.

Tú no quieres esas clases de hombres en tu vida, de manera que ¿por qué comportarse como alguien inalcanzable y después sorprenderse de que sigas atrayendo parejas inapropiadas?

Un último comentario: es un sinsentido supersticioso pensar que si tú das el primer paso en una relación hablando a un chico, o incluso pidiéndole salir, eso ensombrece tu aventura amorosa y consigue que fracase apenas iniciada. Si un hombre realmente te ama y quiere pasar su vida contigo, no se va a decir a sí mismo, antes de hacerte la propuesta: «Espera un momento... ¿no me pidió ella hace cuatro años si salíamos a tomar café? Menos mal que me he acordado. No puedo casarme con ella. Voy a devolver este anillo de compromiso...».

O sea, si ves a alguien que te gusta, sigue tu corazón: sonríele; hazle un elogio de su camisa; dile que es agradable encontrarte con él. Y después espera a ver qué sucede. Quién sabe, quizás pasados veinte años, cuando la gente le pregunte a tu marido cómo os conocisteis, diga: «Me sonrió mientras estábamos en la cola para tomar un café ¡y me enamoré de ella en el acto!».

¿Alquilarías un apartamento sin hacerle preguntas al dueño acerca del alquiler, qué mobiliario incluye y qué mejoras va a hacer en el piso?

¿Comprarías un aparato de música sin preguntarle al vendedor cuáles son sus prestaciones y si tiene garantía?

¿Harías una reserva de hotel para tus próximas vacaciones sin preguntar a tu agente de viajes cuánto te costaría, si tiene o no piscina el hotel y de cuántas estrellas es?

Por supuesto que no lo harías, pues no quieres equivocarte. Entonces, ¿por qué te comprometerías con un hombre sin hacerle las preguntas necesarias para estar segura de que no te has liado con la persona inadecuada?

Las viejas reglas te avisan de que no hagas muchas preguntas en las primeras citas: Dios prohíbe que parezcas una fisgona, y tú no quieres ahuyentar a un hombre. Pero esto es un sinsentido absoluto. Lo contrario, sin embargo, es lo acertado.

En las primeras citas es precisamente cuando deberías hacerle al chico esas preguntas que te ayudarán a decidir si estrechas más la relación o no. ¿Qué sentido tiene esperar hasta estar enamorada y haber tenido intimidad sexual para descubrir entonces la verdad acerca de una persona? El momento de examinar a alguien es ciertamente antes de tener relaciones sexuales y antes de abrirle tu corazón.

Sé lo que estás pensando: no es romántico hacer preguntas; arruina la espontaneidad, la excitación, la pasión. Adivina entonces qué ocurre: cuatro meses más tarde descubres que aún se sigue viendo con su antigua novia; después de haber dormido con él descubres que él cree en las relaciones abiertas y que se ha acostado con la mitad del grupo de animadoras del equipo de la escuela; una vez que os habéis instalado en un casa te percatas de que, antes de comer, se bebe tres cervezas diarias.

He aquí otra razón por la que no hacemos más preguntas a nuestro nuevo novio: ¡no queremos conocer las respuestas! Cuando actúas según la mentalidad de las viejas reglas, tu objetivo es hallar un hombre y casarte con él. Quieres enamorarte, no causar mala impresión a alguien. Luego si tienes una cita con un chico increíble y la química sexual está a punto de ebullición, ¡probablemente no estarás interesada en descubrir cualquier cosa que pueda arruinar esa excitación!

Cuando se trata del amor, la ignorancia no es una bendición. Lo que no sabes puede herirte. Cuanta más información tengas acerca de alguien, en mejor condición estarás de juzgar si esa persona será o no una buena pareja. Cuanta menos información poseas, mayores probabilidades tendrás de acabar enfadada, decepcionada y con el corazón hecho unos zorros.

No podría contar la cantidad de mujeres con las que he trabajado en estos años que me revelan patéticas y dolorosas historias sobre hombres que las destrozaron. En la mayoría de los casos, esas mujeres podrían haberse protegido a sí mismas del desgarro emocional y haber prevenido esos incidentes si simplemente hubieran hecho algunas preguntas antes de estrechar las relaciones.

¿Cuáles son las áreas sobre las que deberías preguntar a tu pareja para asegurarte de que es la persona adecuada para ti?

- Antecedentes familiares y calidad de sus relaciones con la familia.

- Antiguas relaciones amorosas y las razones de las rupturas.

- Lecciones que les ha enseñado la experiencia.

- Ética, valores y principios morales.

- Actitudes acerca del amor, el compromiso y la comunicación.

- Filosofía espiritual o religiosa.

- Objetivos personales y profesionales.

Te darás cuenta de que no incluyo temas tales como su equipo favorito de baloncesto, qué programas de televisión le interesan o los restaurantes predilectos. Aunque estos asuntos aparecen naturalmente en la conversación, no van a decirte, sin embargo, lo que realmente necesitas saber: qué tipo de persona es realmente.

No te estoy sugiriendo que llegues a tu primera cita con un pliego de papel y una pluma y digas: «Richard, antes de que hablemos de cualquier otra cosa, tengo 25 preguntas acerca de ti y quisiera oír tus respuestas». No debes someter a un hombre a ese tercer grado sobre esas cosas; ni siquiera debería parecer que le estás investigando.

En vez de eso, entreteje tus preguntas en la conversación normal. Una manera de hacerlo naturalmente es hacer derivar la pregunta de alguna información acerca de ti misma que hayas compartido con él, o de algo que tú o él estéis comentando. Tus propias conversaciones sonarán mejor que lo anterior, pues serán reales, pero los ejemplos que ahora te pongo te ayudarán a captar la idea:

- Antecedentes familiares y calidad de sus relaciones con la familia.

«Como esta es nuestra primera cita, déjame decirte algo acerca de mí. Yo me crié en una granja de Misuri. Mi padre vendía programas de ordenador, y supongo que pensarás que mi madre era un ama de casa tradicional, aunque ahora que tiene los hijos crecidos ha vuelto a estudiar para convertirse en profesora, lo que me parece estupendo. ¿Y tú? ¿Cómo era tu vida familiar?»

- Antiguas relaciones amorosas y razones de las rupturas.

«Jill me dijo que solías salir con su hermana. ¿Ibais en serio?»... o «Me encanta estar aquí contigo, Steven. He estado tan atareada estudiando para mis exámenes de doctorado que no he querido tener ninguna cita con nadie durante meses. ¿Cómo compaginas tú los estudios de Derecho y las citas?»

- Lecciones que les ha enseñado la experiencia.

«Mencionaste que estuviste casado unos cuantos años cuando te alistaste en la Armada, con alguien a quien conocías desde el instituto. ¿Qué piensas ahora al mirar hacia atrás y encontrarte con eso? Cuando echo la vista atrás, a los años del instituto, me doy cuenta ahora de que, con aquellas relaciones, estaba tratando de conseguir el amor que no tenía en mi propia casa.»

- Ética, valores y principios morales.

«¿Sabes que acaba de entrar a trabajar en una agencia de publicidad? Pues sí, y ahora me doy cuenta de que cuando no me preocupo acerca de lo que piensan los demás, soy más creativa. De repente me he dado cuenta de que soy la única persona que me apoya. ¿Has experimentado alguna vez algo semejante?»

- Actitudes acerca del amor, el compromiso y la comunicación.

«Déjame preguntarte tu opinión sobre algo, Joe. Estaba yo charlando con una amiga que está pensando en romper con su novio después de dos años porque él dice que, a pesar de que la quiere, aún no se siente preparado para casarse con ella. No estoy segura de qué puedo decirle, o sea, que yo no soy un chico, y no sé si él se está escabullendo o si es realmente sincero. ¿Qué crees que debería hacer ella? ¿Crees que debería seguir saliendo con su novio?»

- Filosofía espiritual o religiosa.

«¿Has visto esa nueva película sobre un ángel que se va a vivir con una pareja casada? Es realmente ingeniosa. Tengo que admitirlo: me encantan esos temas. Supongo que pensarás que soy una persona muy espiritual. ¿Tú qué crees? ¿Piensas que hay un todopoderoso, algo más allá de lo que podemos ver?»

- Objetivos personales y profesionales.

«Tu trabajo en la compañía aérea suena a algo interesante. ¿Crees que seguirás en ella o tu carrera profesional tomará otros rumbos?»

Supón que en el transcurso de esas conversaciones, y con esas preguntas, tu pareja se encuentra incómodo, resulta evasivo o prefiere cambiar de conversación. Si no estás segura de que le interpretas bien, examina con sinceridad lo que te es dado observar (regla verdadera 14):

«Jim, ¿te ha molestado que te pregunte acerca de tu familia» o «¿Me equivoco cuando, por tu tono de voz, me da la impresión de que no quieres hablar acerca de tu ex?». Estas preguntas le dan la oportunidad de aclarar lo que tú hayas preguntado, en caso de que él quiera hablar sobre ello, aunque se sienta un poco nervioso. Sin embargo, si él confirma que sí, y que prefiere cambiar de conversación, acepta su petición. Más tarde, cuando estés en casa, piensa seriamente en sus reacciones y pregúntate si es la persona idónea para ti.

Una vez que hayas comenzado a practicar la regla verdadera 7, te sorprenderá lo mucho que puedes llegar a saber en tan corto periodo de tiempo. Por supuesto que lo justo es que tú compartas tu intimidad en esas áreas, de modo que él pueda también evaluar si tú eres la mujer apropiada para él.

¿No sería extraordinario saber de un hombre cuanto fuera posible y después decidir si quieres estrechar las relaciones, intimar, verlo a él con exclusividad y tener una relación seria? ¡Todo eso es lo que tienen de bueno las verdaderas reglas!

Regla verdadera 8: No salgas con hombres que no están completamente disponibles

Cada mujer tiene una lista de las cualidades que busca en su hombre ideal: su descripción física; sus intereses; cómo la ha de tratar; su estilo de vida; su estilo amoroso. Pero hay un aspecto que nosotras evitamos poner en la lista y que es, por contra, el más importante de todos:

¡Tu hombre ideal debe estar disponible!

Excepto que tengas una tendencia autodestructiva, la anterior no debería ser meramente una cualidad deseable en un hombre: debería ser un absoluto, una condición *sine qua non*.

«Claro, ya conozco esta regla verdadera», puede que te digas. Pero seamos sinceros: ¿cuántas veces te has liado con un hombre para acabar descubriendo que sólo estaba disponible en parte, o disponible ahora no y ahora sí, dependiendo de que su examante estuviera o no en la ciudad, o que estaría disponible en un futuro inmediato, ¡e inmediato significa siempre cuando él se decida a hablarle a su esposa de ti!?

En mi libro *Pregúntaselo a Barbara** definí qué significa realmente el concepto «disponible», teniendo en cuenta que a algunas de nosotras nos gusta restringir su significado antes que eliminar de nuestra vida a un chico que realmente nos gusta:

* Publicado por Grijalbo en esta misma colección.

DISPONIBLE: Libre para mantener una relación contigo; no comprometido con nadie más; soltero; sin otra relación formal; sin compartir la cama con otra persona; solo; soltero; todo tuyo.

Las siguientes no son definiciones de disponible:

Con alguien, pero te promete dejarla pronto.
Con alguien, pero en realidad no la ama.
Con alguien, pero ya no tienen relaciones sexuales.
Con alguien, pero sólo se queda por los niños.
Con alguien, pero ella ya sabe de ti y no hay ningún problema.
Con alguien, y no la va a abandonar, pero quiere seguir teniéndote cerca.
Acaba de dejar a alguien, pero podría volver con ella.

En otras palabras, *¡aléjate de los casados y de los que ya tienen otras relaciones!*

Hay una solución fácil para evitar este tipo de situaciones dolorosas y emocionalmente traumáticas: practica la regla verdadera 8 antes de acudir a tu primera cita con un hombre. Eso significa que antes incluso de que aceptes la cita, debes examinar su estado de relaciones. ¿Cómo? Pregúntaselo directamente. Si tienes alguna sospecha, infórmate sobre él a través de amigos comunes antes de arreglar una cita, o pospón esa cita y ten más charlas telefónicas durante las que puedas hacerle más preguntas.

¿Qué pasa si un hombre contesta con evasivas cuando tú le preguntas acerca de su relación, o, después de algunos encuentros, sospechas fuertemente que te ha estado escondiendo algo? Deja de verte con él inmediatamente, y si no es capaz de aclarar tus preocupaciones, olvídate de él. ¡Tú te mereces un hombre solo para ti, que sea todo tuyo!

REGLA VERDADERA 9: BUSCA UN HOMBRE CON BUEN CARÁCTER

Esta situación podría sucederte a ti...
Eres soltera, sales con alguien que te gusta y todo marcha perfectamente. Ahora estás llegando a ese momento en que has de decidir si esas salidas se convierten en una relación exclusiva. Tú sabes que ese chico quiere una relación contigo, y que tú llevas mucho tiempo deseando tener una relación con alguien, aunque no sabes si ese chico será ese alguien. Necesitas más citas, más tiempo, más conversaciones para conocerlo mejor.

Al pensar en ese plan de acción te sientes ansiosa. «¿Cómo sabré que es el hombre adecuado para mí? —te preguntas—. ¿Qué es lo que debería buscar en él?»

La regla verdadera 9 es la respuesta a ese dilema: busca un hombre que tenga buen carácter. ¿Por qué? Porque el carácter es una de las cualidades esenciales que tú quieres en un compañero para toda la vida.

¿Qué es el carácter? Es la manifestación del yo profundo de una persona; es todo lo que defiende, los valores que le permiten vivir, la moral que conforma su conducta. El carácter de un hombre determina cómo se trata a sí mismo, cómo te trata a ti y, el día de mañana, cómo tratará a los niños. Por estas razones, el buen carácter es la base fundamental de un buen matrimonio.

¿Cuál es la diferencia entre el carácter de un hombre y su personalidad? La personalidad es el modo como uno se presenta a sí mismo al mundo. Es el modo en que se expresa a sí mismo exteriormente. Pero una buena personalidad no necesariamente indica que se tenga un buen carácter. ¿No conoces gente que tienen una personalidad encantadora, pero que no son muy agradables íntimamente? ¿No te ha ocurrido encontrar un hombre que resulta carismático y encantador, hasta que descubres que es un actor consumado, con un carácter horrible? En efecto, algunas personas desarrollan personalidades impactantes a fin de encubrir su falta de carácter.

El carácter es la esencia interior de alguien. Puede que no se exprese tan aparentemente como la personalidad, pero es, de hecho, un reflejo mucho más verdadero de lo que una persona realmente es. Si usamos la analogía de una relación como un pastel, la personalidad es como el recubrimiento y el carácter es la sustancia.

He aquí las equivocaciones que cometemos cuando seguimos las viejas reglas:

1) Nos centramos en los rasgos de personalidad de un hombre, en vez de examinar su carácter.

Consigues conocer a un chico, y descubres felizmente que a él le encanta viajar, tiene un gran sentido del humor, habla mucho y es afectuoso. «¡Este podría ser Él!», te dices a ti misma. Pero piénsalo un momento: ¿qué sabes realmente acerca del carácter de ese hombre? ¿Habéis tenido suficientes conversaciones serias para saber cómo es por dentro? ¿Has observado señales de cómo pueda ser su carácter? Probablemente no. Te estás dejando seducir por su personalidad.

No te sorprenda descubrir, después de nueve meses de relación, que ese chico divertido y encantador es un renuente crónico que intenta alegrarse el paso por la vida y que se siente obligado a ello. «Pero era tan dulce conmigo y tan divertido», pensarás. Tienes razón, era divertido, pero lo divertido no hará de él un buen marido, el carácter sí.

2) Convertimos en nuestro objetivo el arrancar un compromiso por parte del hombre, en vez de asegurarnos de que es un hombre con buen carácter.

Recuerda: el objetivo de las viejas reglas es conseguir un hombre que se case contigo, y cuanto antes mejor. Si esa es tu prioridad, a las únicas señales que prestarás atención es a las que indiquen si quiere comprometerse o no. Cada día se convierte en lo mismo: «¿Me llamó? ¿Me ha dicho que me quiere? ¿Sugirió que conozca a sus padres? ¿Ha hecho planes para un viaje? ¿Hizo alguna sugerencia acerca de nuestro futuro?».

Cuando estás tan atareada preguntándote cómo siente respecto a ti, te olvidas de preguntarte a ti misma cómo sientes respecto a él: «¿Cómo me sentí durante nuestra última conversación? ¿Me gusta cómo trata a los demás? ¿Respeta mis opiniones y mis preocupaciones? ¿Aprueba el modo como me responde cuando estoy enfadada con él?».

Deseo que puedas apreciar la diferencia entre buscar un compromiso y buscar el hombre adecuado para ti. Buscar un compromiso puede volverte ciega para descubrir el carácter de un hombre.

Déjame contarte la historia de una mujer que estaba desesperada por casarse cuando cumplió los veinticinco. Conoció a un hombre y practicó todas las viejas reglas en su relación: jugó fuerte para conseguirlo, adoptó una pose de persona misteriosa, le dejó llevar la iniciativa. Incluso disponía de una programación para seguir el nivel de adquisición de ciertos compromisos: un mes sólo para citarse, cuatro meses para que le dijera «Te quiero», seis meses para que se le declarara, un año para casarse. Todo lo que le interesaba era saber si iba a cumplir los plazos de su programa de actuación.

Bastante seguro, después de cinco meses y medio de relación, él le hizo una proposición matrimonial y se casaron. Al cabo de un año se quedó embarazada y pronto tuvieron un hijo. Cuando yo la conocí llevaba casada tres años y se sentía absolutamente desdichada. Había llegado a la conclusión de que su marido ni siquiera le gustaba un poco, que él era una persona completamente diferente de como ella había esperado (o deseado) que fuera, y no podía comprender cómo había acabado así.

—No es muy complicado —le dije a esa pobre mujer de ojos arrasados por las lágrimas—. Ibas buscando un compromiso y conseguiste el compromiso. Si hubieras ido detrás de un gran hombre con buen carácter, habrías prestado atención a una serie de circunstancias distintas en la relación. La proposición de matrimonio era más importante para ti que el hombre de quien procedía.

He aquí seis importantes rasgos de personalidad que se deben buscar en un hombre. Yo los enseño en todos mis seminarios, y se los recuerdo a las mujeres en cada oportunidad que se me presenta:

1. Compromiso para desarrollarse y mejorar humanamente

Si encuentras a un hombre que está comprometido en desarrollarse y mejorar como ser humano, habrás evitado ya uno de los mayores problemas a los que se puede enfrentar un matrimonio: tú quieres trabajar en la relación y él no; tú quieres hablar sobre los problemas y él no. Compromiso para desarrollarse significa que él quiere aprender cuanto pueda acerca de ser un mejor marido y una mejor persona. No has de amenazarlo para crecer. Lo hace por sí mismo.

2. Apertura emocional

Una relación íntima no se basa en compartir una casa, una cama o un cuarto de baño. Se basa en compartir sentimientos. De ahí que sea importante buscar la apertura emocional en el carácter de tu pareja. Sólo un hombre que esté en contacto con sus sentimientos escogerá expresarte esos sentimientos. Tú debes sentir que la puerta hacia su corazón está abierta, y no cerrada.

3. Integridad

Sinceridad, integridad y confianza son ingredientes esenciales para una relación saludable. Saber que puedes contar con un hombre que siempre te dirá la verdad te proporciona un tremendo sentimiento de seguridad. Busca señales de que él es sincero para consigo mismo, contigo y con los demás. Tú quieres respetar el modo como él trata a la gente, profesional y personalmente.

4. Madurez y responsabilidad

El buen carácter significa que ha madurado y que no se comporta como un chiquillo, esperando que tú te encargues de él. También significa ser responsable: hace lo que dice que va a hacer en la vida. Mantiene sus promesas, es puntual y respeta su palabra.

5. Alta autoestima

Tu pareja sólo puede amarte en la medida en que se ame a sí mismo. Uno de los grandes errores que cometemos a la hora de escoger pareja consiste en centrarnos en cuánto nos ama nuestra pareja y cómo nos trata, no en cómo se trata a sí mismo. El buen carácter significa que un hombre está contento de quién es y de cómo vive su vida, en lugar de andar disculpándose siempre por ser quien es. Se cuida de sí mismo, de su cuerpo, de su entorno. NO permite que los demás lo maltraten.

6. Una actitud positiva hacia la vida

Existe un viejo dicho: «Hay dos clases de gente en el mundo: la gente positiva y la gente negativa». Si has de pasar el resto de tu vida con uno de estos dos tipos de gente, ¿cuál escogerías? Asegúrate de que tu hombre no es una persona negativa, que siempre anda centrando su atención en los problemas, buscando motivos de queja, manifestando una actitud cínica. Un hombre con buen carácter ve la bondad del mundo, en ti, en sí mismo, y tú acabas sintiéndote bien acerca de la vida cuando estás con él.

(Por cierto, no olvides cultivar esos mismos rasgos de personalidad en ti misma.)

Recuerda:

No estoy diciendo que la personalidad y la química no cuenten, porque es evidente que sí cuentan, pero no tanto como el carácter. Es importante que un hombre te guste por cómo es exteriormente, pero no te detengas ahí.

Es necesario que te guste por quién es interiormente. Tómate todo el tiempo del mundo para poner en práctica la regla verdadera 9 antes de comprometerte demasiado. Entonces no sólo acabarás con alguien, sino con el alguien adecuado.

Quieres encontrar un hombre y enamorarte profundamente...
Quieres abrirte y compartir con él las partes más íntimas de tu corazón...

Quieres rendirte por completo a la pasión y a la magia de la relación...

Pero... no quieres acabar herida...

¿Cómo puedes protegerte?

La respuesta es la regla verdadera 10: presta atención a las señales que te avisan de posibles problemas.

Esta es una de las más importantes reglas verdaderas, una que necesitas recordarte desde que estableces el primer contacto con un hombre, después a lo largo de las citas y, más tarde, cuando la relación deviene más seria. También es una de las más difíciles de seguir. ¿Por qué? Porque cuando conoces a alguien que realmente te gusta, o te sabes enamorada, estás atareada en prestar atención a otras cosas:

- Lo bueno que es haber encontrado al fin a alguien en tu vida.

- Todas las cosas divertidas que puedes hacer como pareja, ahora que tienes novio.

- La excitación que te atraviesa el cuerpo cuando piensas en tener relaciones sexuales con él.

- Decidir cuándo tendrás relaciones sexuales con él.

- Decidir qué te pondrás cada vez que lo veas.

- Comprar vestidos nuevos que le puedan gustar.

- Tratar de encontrar la mayor cantidad de tiempo libre en tu agenda para estar con él.

- Estar al tanto de todo lo que te dice y todo lo que hace por ti, de cada señal que te da de que es feliz.

- Fantasear acerca de vuestro futuro juntos.

- Comprar para él la tarjeta adecuada, o un pequeño regalo...
  Sabes lo que quiero decir porque lo has hecho, ¡y yo también!

El problema es que mientras estás preocupada con esas actividades, pensamientos y observaciones, probablemente no estás prestando atención a todo aquello que no va bien, no parece estupendo o te hace sentir incómoda. Después de todo es mucho más divertido ir a comprar ropa íntima con una amiga, preparando la primera noche que vas a pasar con tu novio, que salir a pasear sola y pensar en el hecho de que él ha estado comportándose últimamente un poco distante.

¿Por qué, si no, evitamos prestar atención a las señales de aviso? ¡Porque no queremos verlas! La mayoría de nosotros buscamos razones para enamorarnos o casarnos, no razones para descalificar a alguien. Esto es especialmente verdad si:

- Has sido soltera durante mucho tiempo.

- Tu reloj biológico te apremia y sientes la presión del tiempo para encontrar al chico adecuado.

- Porque sobre el papel el chico parece excelente (es un doctor, tiene mucho dinero, es muy apuesto, etcétera). (Véase la regla verdadera 11.)

- Les gusta a tus amigos y a tu familia.

- Ya has tenido relaciones sexuales con él. (Véase la regla verdadera 17.)

Si esos puntos te suenan familiares, deberías forzarte a prestar incluso más atención, porque es más probable que seas tú quien caiga atrapada en la red de la excitación de un nuevo amorío, y tú misma desoigas tus miedos.

Prestar atención a las señales que alertan de posibles peligros no es tan difícil ni tan duro como parece. ¿Conoces esa vocecilla dentro de tu cabeza que te susurra algo? Suele decir cosas como:

—¿No crees que se está pasando con la bebida esta noche?

—¡Caramba, sí que enmudeció rápido cuando le hablaste de su familia!

—¿Te has fijado? Ha hecho que tu amiga se sienta fatal al burlarse de ella.

—¿No es la tercera vez ya que le has dicho que le quieres, y él aún no lo ha dicho ni una vez?

—¿Son imaginaciones tuyas o es que él es realmente un poco abusivo en la cama?

—¿Te has dado cuenta de que ha empezado a criticar un montón de pequeñas cosas propias de ti, y que se empeña en aconsejarte sobre cómo has de gobernar tu vida?

—¡Fíjate, ya lo ha vuelto a hacer! Esa es la tercera mujer con la que ha estado ligando en esta fiesta.

Esa voz está tratando de decirte algo. Está diciendo: «¡Presta atención! Quizás aquí haya un problema, o no, pero presta atención. Te quiero y no me gustaría que te hicieran daño...».

La voz que oyes, si te paras a escucharla, es la voz de tu propio corazón, y la de tu alma. Actúa como un guía interior. Su propósito consiste siempre en conducirte hacia lo mejor de la vida. Puede que no lo experimentes como una voz, pero sí, sin duda, como un «sentimiento» que tienes, o como una intuición. Pero si eres una mujer, sabes perfectamente de qué estoy hablando. Y tú sabes lo que sucede cuando haces caso omiso de esa voz: te metes en problemas y resultas herida.

Recuerda: la mayoría de las veces no es un hombre el que te engaña, sino tú quien se engaña a sí misma.

Esta es la diferencia entre las viejas reglas y las verdaderas reglas. Las viejas reglas te proporcionan una lista artificial de lo que debes y no debes hacer para asegurarte de si un hombre realmente te ama o no. Se supone que has de medir el tiempo de las llamadas telefónicas, contar hasta cinco antes de aceptar una cita, acabar las citas tras un número de horas prudencial, evitar sacar ciertos temas de conversación, soltar su mano cuando vais de paseo por la calle... O sea, vamos, que son las más estúpidas maneras de decir si un hombre es o no adecuado para ti.

Las reglas verdaderas dicen: sé tú misma (5) y después presta atención (10) a cómo responde. ¿No te parece razonable? ¡Y es bastante más relajante!

Si has estado siguiendo las reglas verdaderas 1-9, estarás preparada para poner en práctica la regla verdadera 10. A estas alturas ya deberías saber lo suficiente sobre los hombres como para detenerte y evaluar la situación antes de llegar más lejos.

Un aviso especial para las mujeres que se enorgullecen de ver siempre el lado positivo de la vida y lo bueno de las personas: vais a tener que trabajar extra para dejar de ver la vida color de rosa y evaluar a vuestro hombre de la manera más objetiva y sincera posible. De otro modo, os estaríais enamorando no de quien realmente es, sino de la persona que vosotras veis. (Véase la regla verdadera 13.)

LO QUE ALGUNAS SEÑALES DE AVISO PUEDEN SIGNIFICAR

Señales de aviso	*Posible problema*
Evita hablar de su pasado y rehúye preguntas directas.	Puede que esconda algo serio, algo grave, no le interesa trabajar en la relación.
Le desagrada hablar acerca de los sentimientos; habla de cosas superficiales.	No te dejará penetrar en su interior. Le da miedo una relación íntima.

Señales de aviso	Posible problema
No te revelará detalles de su familia. No ve a su familia a menudo, y habla poco de ella.	Le cuesta trabajo intimar. Puede que exteriorice contigo el odio hacia su familia.
Te da más amor y te presta más atención de los que tú quieres darle.	Le importa más vuestra relación. Vuestro amor es desigual y él nunca será feliz.
Te da menos amor y te presta menos atención de los que tú le das.	Le importa menos vuestra relación. Vuestro amor es desigual y nunca serás feliz.
Todavía frecuenta antiguas parejas que no te presentará.	Emocionalmente no es estable y no será capaz de comprometerse.
Frecuenta el alcohol o las drogas; no puede tener relaciones sexuales o divertirse sin ellos.	Tiene un problema de drogadicción aunque lo niegue. Considera que tendrá un humor muy variable.
Un hombre extremadamente apasionado. Eres el centro de su vida las veinticuatro horas del día.	Será posesivo y celoso. Te sentirás controlada y aplastada.
Es un ligón. Atrae a las mujeres como moscas. Necesita que le presten mucha atención.	Es posible que te engañe. Nunca te sentirás segura.
Despotrica contra sus antiguas amantes. Les achaca sus problemas en las relaciones.	¡Tú serás la próxima! No asumirá su responsabilidad en la marcha de las cosas.
Tiene problemas financieros, deudas, dificultades para obtener créditos.	¡Vigila tu talonario de cheques!
Le gusta encargarse de todo. Él es el jefe dominante.	¡He aquí un loco por el mando! Comienzas sintiéndote adulada y acabas atrapada.
Actúa fríamente, con seguridad. Nunca se muestra vulnerable.	No está emocionalmente disponible. Nunca te sentirás relajada y segura.

Señales de aviso	Posible problema
Quiere hacerse cargo de ti por completo. Actúa como un padre protector.	Siempre se muestra superior. No te considera lo suficiente competente. Te tratará como a una niña.
Va directo al sexo. Quiere practicarlo a cada momento.	Es un adicto al sexo. No puede tener intimidad sin él. Te sentirás usada.

Esta lista es meramente un ejemplo del tipo de señales de aviso que puedes advertir y lo que ellas significan. Hay cientos de ellas más, por supuesto, y si prestas atención, las descubrirás. ¿Qué debes hacer si descubres una señal de aviso? No hagas lo siguiente:

Minimizar su importancia: «Realmente no bebe mucho, sólo los fines de semana, y además sólo es cerveza».
Inventarte excusas: «Sé que parece muy celoso y muy posesivo, pero su exesposa lo engañó y eso hizo de él una persona realmente insegura».
Racionalizarlo: «No está ligando, realmente. Como es un vendedor, está entrenado para ser una persona amigable, especialmente con las mujeres».
Negarlo: «¿Qué quieres decir con eso de que te parece que no me trata bien? Conmigo es maravilloso. Nadie me ha amado nunca como él me ama. A ti lo que te pasa es que estás celosa de que yo soy muy feliz y tú no».
Convertirlo en una fantasía: «Ya me doy cuenta de que tiene un verdadero problema con las relaciones de intimidad; pero estoy convencida de que una vez que nos hayamos comprometido, desaparecerá.»

¿Qué deberías hacer si ves una señal de aviso? Comunicarle sinceramente cómo te sientes y lo que te preocupa (regla verdadera 14). El problema, entonces, o bien se resuelve por sí solo, y la señal de aviso desaparecerá, o no, y entonces es tiempo de cambiar de aires.

−Barbara, estoy cansada de citarme con hombres que resultan ser absolutamente estúpidos. ¿Es que no hay chicos agradables por ahí? ¿Cómo puedo encontrarlos?

Debo haber oído eso de labios de mujeres docenas de veces por semana. Y te voy a decir lo que les digo:

—Deja de limitarte a ti misma a citas con chicos que tienen «buena apariencia...».

Deja de despreciar hombres sólo porque no «encajan» en la idea que tú te has hecho de la elección perfecta...

Deja de juzgar a los hombres por el tamaño de su cartera, y en vez de ello...

Comienza a buscar un hombre de gran corazón.

Créeme, esto es mucho más fácil decirlo que hacerlo, ya lo sé. Como sé que tu madre te dijo: «Es tan fácil enamorarse de un hombre rico como de uno pobre». Sé que vivimos en una sociedad muy materialista, y en la que se hace mucho hincapié en nuestra riqueza y en nuestros éxitos, antes que en la riqueza y en la realización interiores. Sé que las fantasías y los cuentos de hadas con los que creciste te dijeron que era el príncipe azul y no el chico de los establos quien raptaba a la princesa y la instalaba en su palacio para vivir por siempre felices.

Pero seamos realistas. No estamos en el siglo dieciocho, o en el diecinueve, en los que las mujeres no tenían dinero, ni propiedades personales, y una mujer estaba forzada a casarse para conseguir la seguridad material que un hombre pudiera darle, y no por el amor que el uno al otro se tuvieran. Estamos a un paso del siglo veintiuno, y los tiempos han cambiado, gracias a Dios. ¡A diferencia de tu tatarabuela y de millones de mujeres que te han precedido, eres libre para casarte con quien tú quieras!

Algunas cosas, sin embargo, no han cambiado. Los hombres, en particular, aún son evaluados por su:

- Dinero

- Estilo de vida

- Poder

- Carrera profesional

- Reputación

Y demasiadas mujeres, todavía consciente o inconscientemente, son las más severas juezas.

Cuando una mujer le dice a una amiga que sale con un hombre nuevo, la primera reacción de su amiga es probable que sea:

—¿Cómo se gana la vida?

Y cuando una mujer conoce a otra y se entera de que tiene novio o está casada, lo más probable es que pregunte:

—¿A qué se dedica tu marido?

A menudo he oído a mujeres que contestan a esa pregunta casi como disculpándose, si les parece que la profesión de su marido no es lo suficientemente prestigiosa. «Se dedica a las ventas» o «De momento trabaja en un almacén de ropa, pero sigue unos cursos para convertirse en agente de la propiedad inmobiliaria». Y cuántas veces no habremos oído a nuestros padres o abuelos hablar de que una mujer «ha hecho un buen matrimonio», no con el significado de que ha hallado a un hombre enamorado y cariñoso, sino que se ha casado con un hombre de buena posición, con un trabajo de prestigio y rico.

Hace poco estaba en una fiesta y oí de refilón a una mujer hablando con sus amigas sobre el chico con el que estaba saliendo.

—¡Es único! —compartía con ellas su excitación—. Tiene

un pisazo increíble en la ciudad y una casa de campo. Ya me ha llevado con él en tres viajes: uno a Aspen, otro a un balneario de lujo y otro a México. Y fijaos en este brazalete que me regaló: diamantes y rubíes; y eso que sólo llevamos saliendo tres meses. Estoy muy enamorada. Por supuesto que me muestro algo fría y no le permito saber lo que realmente siento. Me lo guardo para cuando se me presente con un anillo de prometida.

Me sentí enferma al oír la conversación de esa mujer. En mi opinión, no era muy distinta de una puta de lujo. Sé que suena muy fuerte lo que digo, pero párate a pensar en ello: ella espera que le paguen por su amor, y él le paga. Cuanto más paga él, más da ella. Me suena a buscona...

Me entristece que, como mujeres, nos hayan privado tanto del poder, que muchas de nosotros aún queramos tener relaciones sexuales con un hombre rico o con un marido con un trabajo importante y una buena posición social, o con un novio que tenga un bonito coche y un apartamento que nos lo haga parecer deseable, antes que descubrir dentro de nosotras mismas que merece la pena. Seguro, somos millones las mujeres que contribuimos al mantenimiento de la familia o incluso que lo hacemos en solitario. Pero hay muchas mujeres que le dan excesivo valor al dinero y al prestigio que puede ofrecernos un hombre, y renuncian a descubrir qué clase de corazón y de alma posee quien puede convertirse en nuestra posible pareja.

El dinero no puede hacerte feliz. Te puede hacer sentir cómoda, pero nunca puede llenar tu corazón. Conozco a muchas mujeres que se permiten ser seducidas por el dinero y el poder de un hombre para acabar, después, sintiéndose atrapadas en matrimonios desgraciados. Esas mujeres son las que darían todas sus joyas, sus muebles carísimos y sus costosas vacaciones por tener la experiencia del amor real, del sexo apasionado y de la intimidad compartida. No estoy diciendo que el dinero te haga infeliz, sino que si no disfrutas del amor y la compatibilidad emocional indispensable que lo acompaña, el dinero no será suficiente.

Tengo un vieja amiga que no parece encontrar nunca el

hombre adecuado para ella. Ella no logra imaginarse por qué, pero para mí resulta obvio: ni siquiera concede salir con un hombre que no sea adinerado y tenga un estilo de vida deslumbrante. Busca chicos con coches imponentes, trabajos de prestigio y hábitos caros. Siempre que le pregunto cómo van las cosas con la última relación, ella me dice dónde comieron o qué hicieron, pero nunca cómo se siente. Esa emoción material sólo dura unos pocos meses, y después, inevitablemente, ha de plantarle cara al hecho de que ese hombre no puede expresar sus sentimientos, o bien que es muy egotista, o que le asusta mortalmente comprometerse. Ella rompe con él, deja pasar unas semanas y vuelve a comenzar idéntico proceso cuando se presenta el siguiente hombre con un Porsche.

La regla verdadera 11 dice que cuando escoges a un hombre por lo que te pueda ofrecer materialmente, antes que por lo que te pueda ofrecer emocionalmente, acabarás en una mala relación, en un relación equivocada.

Además, ¿no odias que ciertos hombres te juzguen por el tamaño de tus pechos? Pues no los juzgues tú a ellos por la capacidad de su talonario.

Por supuesto que hay hombres maravillosos por ahí que tienen éxito económico y, además, son cálidos y cariñosos. Si da la casualidad de que tu verdadero amor es también rico o poderoso, pues estupendo. Pero he aquí las buenas noticias:

Hay muchos más hombres que no tienen mucho dinero, no conducen coches despampanantes y no hacen nada extraordinario para ganarse la vida, pero son sinceros, dignos de confianza, leales, románticos, deseosos de casarse y tener hijos, y dispuestos a amarte y a adorarte ahora mismo, siempre y cuando tú te fijes en ellos y les des una oportunidad.

Ya ves, hay algo que deberías esperar que un hombre te ofreciera, y que no es dinero, poder o prestigio, sino amor. Por esa razón es por lo que las reglas verdaderas tienen que ver con el atender al tamaño del corazón de un hombre.

REGLA VERDADERA 12: JUEGA LIMPIO. NO TENGAS UNA DOBLE MORAL

Si hay alguna regla en la vida que nosotras, en tanto que mujeres, deberíamos realmente comprender es la regla verdadera 12. Después de todo, las mujeres sabemos qué significa el que las reglas no sean limpias:

- Las mujeres constituimos el 50% de la población mundial y nuestro trabajo supone las dos terceras partes del total de las horas trabajadas, pero sólo obtenemos la décima parte de la renta que ganan los hombres.

- Las mujeres sólo poseen un 1% de la propiedad a escala mundial.

- Las mujeres ganan 69 pesetas frente a las 100 que gana un hombre por el mismo tipo de trabajo.

- Sólo hay un trabajo en el mundo en el que la mujer gana más que el hombre: la prostitución.

Estas estadísticas son ciertas, pero no son honestas. La mayoría de las mujeres no necesitan estudios para comprender algo así. Lo sabemos por experiencia cuando trabajamos el doble que un hombre para progresar en los negocios, cuando soportamos que se nos llame agresivas cuando somos poderosas, cuando, en vez de ser admiradas como líderes, intentamos romper moldes no sólo para sobresalir en trabajos «de mujeres», sino en cualquier tipo de trabajo.

Hay otra frase para describir una situación en la que existen unas reglas para unos y otras para otros: doble moral. La doble moral no es honesta porque no aplica con igualdad a todo el mundo las reglas de vida.

El viejo estilo vital y amoroso y las viejas reglas que se derivan de él se basan en la doble moral y en la falta de honestidad. Por ejemplo, he aquí algunas de las viejas reglas, y que conste que no me las estoy inventando.

- Haz que el hombre lo pague todo: ni se te ocurra ofrecerte para pagar a medias, aun cuando tú tengas mucho más dinero que él.

- Nunca te cites con un hombre a medio camino, aunque le resulte un gran inconveniente pasar a recogerte.

- No telefonees a un hombre, incluso aunque él te llame y te pida que le devuelvas la llamada.

- No te preocupe enfadar a un hombre y ponerlo furioso: eso sólo significa que está loco por ti.

- Deja de verte con un hombre si no te ha hecho un regalo romántico —mejor si son joyas caras— para tu cumpleaños o para el día de San Valentín.

- Permanece emocionalmente fría en la cama, para que no piense que te vuelve loca.

- Cuando tengas a un hombre casa, finge que las llamadas de tus amigas lo son de otros hombres, para darle celos.

- No lleves la iniciativa en el sexo: eso lo castraría.

- Los hombre hacen sus propuestas de compromiso cuando tienen miedo de perderte, luego amenázalos con cambiarte de ciudad o vuélvete distante e inasequible si quieres que te pida que te cases con él.

¿Te parecen honestas estas sugerencias? ¿Te parecen realmente razonables? No es que contengan una doble moral, sino que son irrespetuosas y de una moral inmoral. Imagina cómo te sentirías si un hombre probara esas desagradables y manipulativas conductas contigo: afortunadamente, no lo aguantarías ni un segundo. Luego, ¿por qué querrías conducirte tú así en una relación?

Tienes una oportunidad, en tu propia vida, para tomar partido por la causa de la igualdad en el mundo. ¿Cómo? Jugando limpio en tus relaciones con los hombres y no aplicando una doble moral. Sólo hace falta un poco de sensibilidad y de sentido común. Por ejemplo:

- Trata de los asuntos de dinero en tu relación de un modo limpio y equitativo. ¿Por qué debería el hombre pagar por todo, si ambos estáis trabajando? Incluso aunque él tenga mucho más dinero que tú, es un detalle cariñoso hacerte cargo de él de tanto en tanto. Por supuesto, como con todas las reglas verdaderas, la mejor solución es discutir este asunto con un hombre y llegar a una solución que os haga sentir bien a ambos. (Aprenderás mucho acerca de él discutiendo asuntos de dinero: un beneficio añadido).

- Respeta el tiempo y las obligaciones de un hombre. No pasa nada por que un hombre pase a recogerte en la primera cita, si eso es lo que ambos queréis. Pero es egoísta, desconsiderado e incluso rudo, por qué no, esperar siempre que se aparte de su camino por ti. ¿Por qué debería hacerlo? ¿Eres tú mejor que él? ¿Por qué iba él a considerar el casarse con una mujer tan desconsiderada y egocéntrica? Si habéis planeado ir al cine y da la casualidad de que él tiene una cita laboral a última hora cerca de la sala a la que vais, debe de parecerte lógico quedar allí. El hombre apropiado te respetará por respetarle.

- Si quieres telefonear a un hombre, adelante. Y si él te llama, por el amor de Dios, devuélvele la llamada. No hay nada equivocado en telefonear a un hombre con el que te citas, a no ser que estés llamándole cada noche mientras que él sólo lo hace una vez por semana o no te llama en absoluto. Si tú pones en práctica las otras reglas verdaderas, presta atención (10) y no hagas jue-guecitos (4), entonces tus llamadas serán apropiadas. Y a no ser que quieras pasar por maleducada y estirada, devuelve las llamadas con prontitud. ¿Qué pensarías de un hombre que ignorara tus llamadas...?

Creo que has captado la idea. Trátalo como tú quieres que él te trate a ti (regla verdadera 1). Y si alguna vez te tienta abandonarte a una vieja regla (tal como dejarlo si él no te regala alguna joya por tu cumpleaños), detente y piensa en el otro lado de la doble moral (él debería dejarte si tú no le prestas favores sexuales). Eso te devolverá instantáneamente a la realidad y podrás probar en su lugar una regla verdadera.

Regla verdadera 13: no te enamores de lo que un hombre puede llegar a ser

Uno de los más grandes talentos que poseen las mujeres es la habilidad para ver el potencial de las cosas, para sacar algo de la nada. Entras en un apartamento vacío con un amiga que está pensando en alquilarlo y enseguida puedes visualizar exactamente lo que ella podría hacer para hacer más cálido y acogedor el lugar. Te enteras de que en cosa de media hora se te presentan tres amigos a comer, y de inmediato eres capaz de sacar cuanto te haga falta de la despensa y de la nevera para hacer una comida excelente. Te invitan a una boda en el último minuto, y con la ayuda de algunos accesorios y de algunas joyas, conviertes tu sencillo vestido negro en un modelo exquisito.

Esta cualidad es maravillosa cuando de redecorar o entretener se trata; pero es peligrosa cuando intentas aplicarla a tu vida amorosa. Yo lo llamo enamorarse de lo que un hombre puede llegar a ser.

Ya sabes cómo funciona: conoces a un hombre que parece realmente agradable y te acaba gustando mucho. Enseguida, sin embargo, te das cuenta de que se trata de un persona a la que le va a costar mucho trabajo convertirse en la clase de hombre que a ti te gustaría para casarte con él. Quizás sea demasiado tranquilo y tímido para ti, pero tú estás convencida interiormente de que bajo esa imagen hay un hombre poderoso y expresivo que quiere emerger. Quizás se está recuperando de un ruptura desagradable, y aún no está preparado para abrirte su corazón; pero tú sabes que, con el tiempo, él aprendería a confiar en ti y a ser capaz de amar de nuevo. Quizás se trata de un músico frustrado que no advierte progresos en su carrera, y tú estás convencida de que será rico y famoso así que alguien le dé una oportunidad.

He aquí el problema: tú no estás enamorada de quien él es de hecho: tú estás enamorada de la persona en que deseas que se convierta. Y por supuesto, ¿quién va a ayudarlo a convertirse en el gran hombre que tú sabes que él puede llegar a ser? ¡Tú, por supuesto! Tú serás su animadora, su heroína, su salvadora, su inspiración. Secretamente, piensas: «Necesita a alguien que crea en él, y ese alguien soy yo. Mi amor lo curará y, sí, lo convertirá en el hombre en que está destinado a convertirse». ¿Verdad? ¡¡Falso!!

Otra manera de enamorarse de las posibilidades de un hombre consiste en acometer una «misión de rescate emocional». Descubres a alguien que parece herido, frágil, desvalido, y te sientes irremisiblemente empujada a preocuparte por esa persona. Él se siente muy agradecido y tú muy noble. Antes de que te des cuenta, te verás envuelta en una relación que se parece más a una sesión de terapia que a una aventura amorosa saludable y equilibrada. Y una vez que te has metido en ella, resulta dificilísimo salir sin acarrear un enorme sentimiento de culpa, amén de parecerte que lo estás abandonando a su suerte.

¿Qué es lo malo de estas situaciones? Pues varias cosas:

1) *Cuando te enamoras de las posibilidades de un hombre, no lo ves como un persona, sino como un proyecto.* Se convierte en un objetivo dentro de tu lista de cosas por hacer... Mañana: enmendar a Jim.

2) *Él no te pidió que lo ayudaras, lo enmendaras o lo rescataras.* En efecto, quizás no desea en modo alguno cambiar. Cuando tú te enamoras del potencial de un hombre, te predispones a ser su madre, su profesora y su terapeuta, pero no su amante.

3) *Puedes acabar perdiendo un buen montón de tiempo con la persona menos adecuada.* Cuanto te enamoras de las posibilidades de un hombre, tu relación se basa en la creencia de que él cambiará, se abrirá, conseguirá un trabajo, dejará de beber o cicatrizará sus heridas, lo que sea que tú quieras que

haga. Excepto que tu novio te haya dicho de forma fehaciente que está dando pasos positivos hacia el cambio que tú esperas que haga, y que tú hayas visto los primeros resultados, se puede decir que estás perdiendo el tiempo. Permanecer en una relación equivocada no es jugar limpio con él, ni contigo misma.

La regla verdadera 13 dice: los hombres no son objetos, como las pinturas o las antigüedades; por lo tanto, no escojas a un hombre por su condición de buena inversión. Si comienzas una relación con alguien, asegúrate de que lo amas, lo respetas y lo pasas bien con él hoy, en vez de amar a quien tú quieres que se convierta en el futuro. Está bien tener preferencias sobre cómo te gustaría que evolucionase, pero él debe ser suficiente para ti tal y como es en el momento presente.

Tercera parte

Las verdaderas reglas para comunicarse con los hombres

REGLA VERDADERA 14: SÉ SINCERA RESPECTO A TUS SENTIMIENTOS

D espués de leer acerca de las verdaderas reglas para encontrar la relación adecuada, tales como: No juegues (4), Sé tú misma (5), Si te gusta alguien, házselo saber (6) y Juega limpio (12), esta primera regla verdadera para la comunicación no debería pillarte por sorpresa: *Sé sincera respecto a tus sentimientos.*

Créeme, he pasado muchos años estudiando la comunicación entre hombres y mujeres, impartiendo clases y dictando seminarios sobre la materia, además de trabajando personalmente con miles de parejas, y siempre llego a la misma conclusión: la comunicación que funciona siempre se basa en la sinceridad. Sólo cuando no eres sincera acerca de tus sentimientos en una relación, las cosas se lían, complican y se vuelven desagradables.

Este es uno de los grandes problemas que tengo con las viejas reglas: se basan en la deshonestidad emocional... actuando, fingiendo, retrayéndose e incluso mintiendo.

Las verdaderas reglas dicen que siempre debes ser sincera para con tus sentimientos. Yo le llamo a eso honestidad emocional. Naturalmente, la honestidad ha de formar parte de ti desde la perspectiva del sentido común. Por ejemplo, no te sugiero que te acerques en una fiesta a un chico a quien nunca antes le has dirigido la palabra y le digas: «Perdona, es que quiero ser emocionalmente honesta y quiero decirte que con esos vaqueros se te ve un culo precioso, y me vienen ganas de arrastrarte a un dormitorio y hacerte perder la cabeza». Eso la verdad es que va bastante, bastante más allá de la honestidad. La honestidad emocional de la que yo te hablo es aquella que tú le manifiestas, o no, a un hombre en las diferentes fases de una relación.

Qué tiene de bueno la honestidad emocional y qué tiene de malo la deshonestidad emocional

1. La honestidad emocional crea intimidad.

¿Has tenido alguna vez alguna conversación con alguien en el curso de la cual ambos fuerais honestos el uno para con el otro? ¿Cómo te has sentido después? Más cerca. Eso se debe a que la honestidad emocional crea instantáneamente intimidad. La sinceridad crea un puente entre tu corazón y el corazón de la persona con quien estás compartiendo la vida. Es como si la honestidad abriera la puerta de tu corazón para que un hombre pueda sentir el verdadero tú que llevas dentro.

¿Acerca de qué deberías de ser sincera? Para todo lo que, para ti, sea verdad. Por ejemplo, si un chico te llama y a ti te alegra saber de él, simplemente di: «Me alegra oírte de nuevo». Si te pide que salgáis y a ti te excita la idea de hacerlo, di: «Realmente estoy deseando conocerte mejor». Si estás teniendo una charla deliciosa durante la comida, di: «No te puedes ni imaginar lo bien que me lo estoy pasando hablando contigo: me encanta cómo trabaja tu mente». Es bastante más simple ser emocionalmente sincero que seguir las viejas reglas e intentar no decir nada que pueda hacernos aparecer como accesibles.

Si no eres emocionalmente sincera con tu pareja, descubrirás que vuestra relación sólo tiene un nivel superficial, y que nunca profundizaréis hasta convertirla en algo más serio. Cuanto más compartáis los dos, más intimidad experimentaréis, y más probabilidades tendréis de construir un futuro juntos.

2. Tu sinceridad emocional permite que tu pareja se abra a ti.

Cuando eres emocionalmente sincera con un hombre, eso parece darle permiso para que él lo sea contigo. Le hace sentirse seguro para hablarte de corazón, algo que a muchos les parece dificilísimo de hacer. Si un hombre tiene la sensación de que tú te retraes, él mantiene la guardia alta. Él no puede abrirse a ti si no puede sentirte, aunque quiera estrechar relaciones contigo.

Cuando practicas la regla verdadera 14 y compartes tus sentimientos, su confianza en los muros y las paredes se derrumba. ¿Por qué esperar a que haya de ser él el primero en abrir la puerta de los sentimientos? Tú podrías esperar eternamente. Recuerda, la mayoría de los hombres (aunque no todos) se sienten más incómodos compartiendo sus sentimientos que la mayoría de las mujeres; luego sé generosa. No importa lo que ocurra, no puedes perder: un hombre honesto que sea apropiado para ti siempre te respetará por ser emocionalmente sincera.

3. La sinceridad emocional previene los malentendidos que pueden sabotear tu relación.

Imagina un hombre y una mujer que han estado saliendo juntos durante un mes. Ambos se gustan, pero los dos están jugando fuerte para conseguirse, actuando con suficiencia, aparentando que están demasiado ocupados para verse, en otras palabras, están siendo emocionalmente deshonestos. Ella piensa: «La verdad es que no me gusta mucho. Probablemente debería dejar de verlo». Él piensa: «Parece muy fría cuando está conmigo. Es probable que no sea su tipo. Quizá no debería telefonearla de nuevo». La relación acaba y ninguno de ellos sabrá nunca que su deshonestidad emocional ha saboteado lo que podría haber sido un verdadero amor.

Aparentar que no sientes algo que en realidad sientes te desgarra, y acaba desgarrando a la otra persona también. ¿Realmente quieres arriesgarte a desanimar a un hombre que puede ser el idóneo para ti por actuar de forma fría y distante?

4. La deshonestidad emocional refuerza los rasgos negativos del carácter.

Retener tus buenos sentimientos a propósito de alguien, te entrena para ser emocionalmente deshonesta con todo el mundo. Pronto olvidarás cómo sientes de verdad: estás demasiado ocupada con tu actuación. La sociedad está llena de gente así.

5. La deshonestidad emocional puede atraer al hombre equivocado a tu vida.

Recuerda la regla verdadera 3: hay hombres con los que no querrías acabar relacionada, y a los que sí les gustaría que fueras emocionalmente deshonesta y tus sentimientos permanecieran escondidos. Estos son los mismos hombres sobre los que las viejas reglas te avisan tontamente de que te aburrirás si les revelas demasiadas cosas. Yo te digo: ¡adelante, y revela cuanto quieras! El tipo de hombre que necesita una estimulación constante, como un intranquilo niño de dos años, no se va a convertir en un buen marido, un buen novio o incluso en un buen acompañante. ¿Por qué perder tu tiempo con uno de esos inmaduros estúpidos? Ser emocionalmente sincero es uno de los mejores modos para descubrir a los hombres emocionalmente asustados. ¡Ábrete a ellos y los verás salir corriendo!

Añado un esquema para mantenerte vigilante y para ayudarte a recordar por qué la regla verdadera 14 es una de las más importantes de todas.

Los buenos hombres odian...	*Los buenos hombres aman...*
Cuando los pruebas secretamente para saber si es él quien tú querías.	Cuando eres sincera acerca de lo que esperas y sobre lo que buscas.
Cuando aparentas que no te importa para ver si él se lanza a cazarte.	Cuando tú le permites saber qué lugar ocupa, de modo que pueda sentirse seguro en la relación.
Cuando tú actúas insensiblemente respecto a sus esfuerzos por adularte.	Cuando tú compartes su entusiasmo por él y sus esfuerzos.

Los buenos hombres odian...	*Los buenos hombres aman...*
Cuando actúas como si él no fuera capaz de impresionarte.	Cuando tú le manifiestas lo bien que consigue que te sientas.
Cuando tu distancia parece indicarle que no es seguro para él involucrarse más en la relación.	Cuando tú abres tu corazón y compartes la verdad, de modo que él pueda sentirse lo suficientemente seguro para tomarte más en serio.

Un último consejo: no olvides usar la regla verdadera 10 cuando practiques la sinceridad emocional. Si prestas atención a cómo responde tu pareja cada vez que os relacionáis, encontrarás un buen equilibrio entre ser abierta y a la vez discreta.

REGLA VERDADERA 15: MUESTRA TU FACETA MÁS ATRACTIVA: TU MENTE

¿Cuál es tu faceta más *sexy* y atractiva? Puedes pensar que es tu pelo, tus pechos, tus piernas, o tu piel, pero te equivocas: es tu mente.

Cuando un hombre se enamora de tu mente, se enamora de tu esencia, de lo que te hace única, el secreto que hay detrás de la fachada de cada mujer. Piensa en ello... ¿qué serías sin tu mente? Pues un cuerpo hecho de piel, pelo, huesos, una concha vacía inerte, privada de pasión y de vida. Si perdieras la mente, tú no serías «tú», porque la mente es la fuente de tu mismidad.

Tu mente es como el tren expreso que lleva a un hombre a tu interior, hasta que siente tu corazón. Por ello la regla verdadera 15 te recuerda que quieres un hombre para enamorarte con la mente, y no sólo con tu cuerpo. Después de todo, al igual que tu edad, tu cuerpo inevitablemente cambiará, y dejará de ser cada vez más el «ideal». Pero a tu mente le sucede justo lo contrario: a medida que envejeces, crece en riqueza, comprensión y sabiduría.

¿Cómo puedes conseguir con la mente que un hombre se enamore? Tienes que mostrárselo practicando la regla verdadera 15. Tienes que usar palabras para expresar quién eres realmente, de modo que él conozca tu mente y le parezca maravillosa. Tienes que compartir tus opiniones, tus pensamientos, tus sueños y tus intuiciones. Las cosas que digas han de ser reflexiones propias de quien eres y acordes con tu forma de sentir. Cuando hagas esto, al hombre adecuado para ti le encantará tu mente. Te convertirás en su mejor amiga, su más estrecha confidente y la mujer con quien él quiere pasar su vida.

¿De qué debes hablar? Esa misma pregunta es innecesaria. Debes hablar sobre lo que quieras hablar, sobre lo que, para ti, sea importante y verdadero en todo momento. Recuerda, sé tú misma (regla verdadera 5). Si tienes que pensar lo que has de decir cada cinco minutos, estarás tensa, insegura y temerosa, y la relación será agotadora. En efecto, ¿no es esa la razón de que te sientas a menudo nerviosa cuando te diriges a un hombre que te gusta? En vez de hablar con él del modo que hablarías con cualquiera, te sientes de repente bajo la presión de que hay un modo de ser equivocado y otro acertado. En esa situación, naturalmente, no puedes ser tú misma.

Por ejemplo, pongamos que eres una profesora de primaria y que te encantan los niños. Estás saliendo con alguien y recuerdas algo ingenioso que uno de los niños hizo en la clase de ese día de la cita. Compártelo con el hombre con quien estás: es lo que te preocupa, eres auténtica. Según las viejas reglas, por supuesto, tú no deberías sacar ningún tema de conversación que pudiera ofrecerle una idea equivocada de ti (cualquiera que sea). Yo te digo que debes sacar a colación cuanto te parezca adecuado, y si eso decepciona al chico, pues que se decepcione.

¿Cuál es la alternativa a esto? Ya sabes que las viejas reglas sugieren lo contrario de la regla verdadera 15: en una cita se supone que has de ser tranquila y reservada, ligera, encantadora y misteriosa, «como una brisa de verano». (Más, quizás, como un cerebro vacío atravesado por el viento, a mi juicio.) Te sientas allí, una misteriosa muñeca como un zombi, asintiendo con la cabeza a cualquier cosa que dice, mostrándote interesada por su vida, pero sin revelarle la tuya. Entonces, después de haber mantenido esa situación durante varios meses, hasta que encuentra irresistible tu misterio, a ti se te ocurre comentar lo que sientes por tu trabajo y lo mucho que te gusta trabajar con niños, para que él te acabe respondiendo: «La mayoría de los niños son mocosos molestos. Me producen escalofríos».

Bien, después de semanas y semanas de intentar ser lo que él quiere que seas, descubres que no puedes hablar con él ni siquiera de tu trabajo, y lo peor, que odia a los niños. Has perdido meses de tu vida por no haber seguido la regla verdadera 15. Si le hubieras mostrado tu manera de pensar a ese imbécil desde la primera cita, habrías descubierto algo acerca de su mentalidad que te mostrara que no era la persona adecuada para ti, y hubieras roto con él inmediatamente. Recuerda la premisa de las verdaderas reglas: tu objetivo es conseguir el hombre adecuado, no cualquier hombre.

¿Qué sentido tiene ocultarle a un hombre permanentemente tus verdaderos sentimientos, tus intereses y tus opiniones? ¿Cómo va a saber un hombre junto a quién está sentado si tú estás representando un papel e intentando parecer como quien no eres? ¿Y cómo vas a saber tú que se ha enamorado de tu verdadera tú? No lo sabrás.

¿Qué pasa con los desacuerdos? ¿Cómo te sugiere la regla verdadera 15 que manejes situaciones en las que revelar tus pensamientos puede crear un conflicto con el hombre que te gusta? Ya sabes lo que te voy a decir: ¿y qué pasa si él se siente incómodo con algo que tú digas o sientas? Tu trabajo en la vida no consiste en que él se sienta cómodo, sino en ser tú misma.

Veamos un ejemplo: tú y tu pareja estáis hablando de amigos mutuos que acaban de romper sus relaciones. Tu pareja dice: «Por lo que Bob me dijo, Julie se ha tomado muy mal lo de la ruptura». Ahora bien, tú sabes (pues Julie te llamó por teléfono para contarte la historia) que es un hecho el que Bob no tuvo el coraje suficiente para poner fin en persona a una relación de nueve meses, ¡y que lo hizo a través de un mensaje en el contestador automático de ella! Luego tú puedes contestar:

—Claro que está enfadada. Después de todo, Bob era un imbécil: ¡rompió con ella dejándole un mensaje en el contestador! Me parece un poco cobarde. Julie no sólo es que se sienta rechazada, sino que se siente como si nada de lo que ellos compartían hubiera significado nada para Bob.

Instantáneamente, del hecho de que tu amigo frunza el ceño, deduces que no le ha gustado un pelo lo que has dicho. «Vosotras, las mujeres, siempre hacéis piña, ¿verdad?», dice él con retintín sarcástico.

De acuerdo..., detengamos un momento esa escena para que yo te haga una pregunta: ¿cómo deberías responder en ese punto de la conversación? Recuerda que a ti te gusta realmente ese chico y que quieres seguir saliendo con él. Por otro lado, él acaba de decir algo con lo que tú no estás de acuerdo. ¿Qué hacer?

Viejas reglas: sonríe, cambia de tema y no digas nada más acerca de lo que sientes, porque sobre todo tú quieres aparecer a sus ojos como alguien con quien es fácil estar.

Reglas verdaderas: responde sinceramente a lo que él ha dicho, sin hostilidad o prejuzgando, dándole a entender cómo te sientes realmente: «Me parece deducir del tono de tu voz que te ha molestado lo que te he dicho. Yo no quería atacar a Bob, quien siempre me ha caído bien. Pero estoy convencida de que podía haber sido más respetuoso con Julie, y habérselo dicho en persona, por más que sea algo que asusta hacer».

En ese momento, o bien tu pareja se enfrasca contigo en un diálogo acerca de cómo debemos tratarnos unos a otros en una relación, con lo que aprenderéis mucho el uno del otro y emergerán de la conversación sentimientos que os aproximarán, o bien se sentirá cada vez más incómodo y te hará saber que es una persona de opiniones rígidas y que no quiere seguir hablando acerca del asunto. Tú te encontrarás, entonces, o bien un paso más cerca de saber que es el hombre adecuado para ti, o bien todo lo contrario: que es el hombre inapropiado para ti.

La regla verdadera 15 dice: nunca pongas en entredicho tus valores o maquilles tus opiniones para conseguir un hombre que te gusta. Cuando sacrificas tu propia integridad, pierdes algo de ti misma y, un día, te levantarás sin saber quién eres. Si él realmente te ama, amará la manera como funciona tu mente, aun cuando pueda discrepar de algún contenido específico.

Este mismo principio sirve para el consejo de la vieja regla según la cual debes esconder tus intereses o convicciones al principio de una relación, para que no asustes a tu pareja.

Las viejas reglas dicen: «Si lees libros de autoayuda, escóndelos cuando él se acerque a ti. Si estás en una terapia para salir del alcoholismo, ni se te ocurra mencionar que has asistido a reuniones de Alcohólicos Anónimos. Si te has tratado con algún terapeuta, no hables de ello. Si tienes algún interés en algo que te da la impresión de que pueda no gustarle (astrología, estudios bíblicos, *kickboxing* o lo que sea) evita hablar de ello hasta que la relación haya progresado lo suficiente».

Un error, un error, un error. Tú debes hablar sobre lo que te apetezca hablar. Debes abrirle tu mente y tus intereses, y, como te he dicho una y otra vez (¡y nunca serán bastantes!), si a él no le gusta quién eres y cómo piensas, es que se trata de la persona inadecuada para ti.

Mi marido ama mi modo de pensar, aun cuando no siempre está de acuerdo conmigo. Cuando estoy trabajando de firme en un libro y no me preocupo de ir bien vestida o peinada, él me sigue amando, porque ama mi mente. Y sé que cuando sea vieja y físicamente esté sembrada de arrugas y tenga el pelo blanco, él aún me amará, pues él ama mi mente.

Tú también te mereces un hombre que ame tu mente. Recuerda: a las mujeres nos ha costado miles de años conseguir el derecho a expresar nuestras opiniones, afirmar nuestras preferencias y tener derecho a decirlas. Aprovéchate de ese derecho por el que tantísimas mujeres antes que tú lucharon denodadamente, y comparte orgullosamente tus pensamientos con los hombres. Un día, el hombre apropiado te susurrará al oído: «Toda mi vida he estado esperando encontrar una mujer con una mente como la tuya».

Regla verdadera 16: Sé emocionalmente generosa, no emocionalmente tacaña

S i reuniera a todos los hombres con los que te has relacionado y les hiciera las siguientes preguntas, ¿cuáles piensas tú que serían los resultados?

¿Es (tu nombre) una mujer emocionalmente generosa o, por el contrario, emocionalmente tacaña?

Antes de que te precipites a contestar, piensa bien en ello... Ser emocionalmente generosa significa ofrecer abundante y libremente tu amor, tus elogios, tu afecto y tu consideración. Ser emocionalmente tacaña es justo lo contrario: escatimar y condicionar tu amor, tus elogios, tu afecto y tu consideración en tu vida de pareja. Las mujeres emocionalmente tacañas siguen, por lo general, algún tipo de viejas reglas que les aconsejan tratar a un hombre no como una persona que ha de ser respetada, sino como un trofeo que ha de conquistarse. En efecto, las viejas reglas te avisan contra el presentarte demasiado interesada, ansiosa o entusiasta con tu relación (¡ni siquiera con tu propio marido!), y te aconsejan, en cambio, actuar con altivez, frialdad y distancia.

Pero he aquí el problema: cuando tú conscientemente retiras la recompensa de la apreciación verbal, el afecto físico y otras formas de conducta cariñosa hasta que el hombre actúa propiamente cazándote, haciéndote los regalos adecuados y probando con creces que merece tus elogios y tu admiración, lo estás tratando como a un animal doméstico entrenado, no como a un ser humano. Puede que no pretendas ser emocionalmente tacaña, pero así es exactamente como apareces cuando escatimas tus cumplidos y expresiones cariñosas.

Si has sido una mujer emocionalmente tacaña con tus

hombres, entonces es importante que comprendas y practiques la regla verdadera 16.Y si eres una mujer emocionalmente generosa, entonces tu corazón conoce de sobra la regla verdadera 16.

¿Recuerdas el fundamento de la regla verdadera 2: que los hombres necesitan tanto amor y reafirmación como tú misma? Bien, la regla verdadera 16 dice: no te limites a pensar: «Bueno, yo sé que los hombres son así». Haz algo al respecto y comparte tu afecto y gratitud con el hombre que te interesa. Sé emocionalmente generosa con él.

No te estoy sugiriendo, obviamente, que en la primera cita agobies a un hombre con tarjetas románticas, le eches piropos cada cinco minutos y le des las gracias veinticinco veces por invitarte a comer. Eso no es ser emocionalmente generosa: ¡eso es ahogar emocionalmente a alguien! Como ocurre con todas las reglas verdaderas, la regla verdadera 16 se basa en un equilibrio entre ser tú misma y comportarte con la propiedad que requiera cada momento.

He aquí algunas maneras de llevar a la práctica la regla verdadera 16:

1. Aprecia a un hombre con tus palabras

Las mujeres siempre nos quejamos de que los hombres no usan suficientes palabras para hacernos comprender cómo sienten, y sin embargo muchas de nosotras somos igualmente culpables, porque asumimos que los hombres no necesitan oír esas cosas, y nos volvemos verbalmente tacañas. Los hombres no sólo adoran que los apreciemos, sino que necesitan saberlo para poder abrirnos sus corazones.

- Usa palabras para decirle lo que hace bien. Si llama para decir que llegará cinco minutos más tarde, dale las gracias por su consideración. Si él te ofrece una charla de apoyo para una inminente entrevista para conseguir un trabajo, agradécele su apoyo y su comprensión acerca de cómo te sientes.
- Usa palabras para decirle lo que te gusta de su carácter. Si él escucha tus opiniones sin ponerse a la defensiva,

aprecia su voluntad de mejorarse. Si él disminuye la velocidad al conducir para dejar pasar a algún coche, aprecia su cortesía.

- Usa palabras para apreciar los sentimientos que exprese hacia ti, o los pasos que da hacia un mayor compromiso. Si te dice que estás preciosa, dile lo bien que te hacen sentir sus palabras. Si te quiere presentar a su mejor amigo para que os conozcáis, usa palabras para decirle lo feliz que te hace que quiera compartir parte de su vida contigo.

Cuantas más palabras de aprecio uses, más claves estarás ofreciendo a un hombre para que este sepa qué está haciendo bien, de modo que pueda seguir haciéndolo. Después de todo, ¿de qué otra manera se supone que puede él llegar a saber cuáles son tus gustos y lo que te disgusta..., excepto que uses palabras para decírselo? ¿De qué otro modo puede saber cómo lo está haciendo en la relación..., excepto que tú uses palabras para decírselo? No lo olvides: el hombre apropiado quiere hacerte feliz, y te agradecerá que le permitas saber que está consiguiendo su objetivo.

2. Muestra tu gratitud

Si hay algo que odian los hombres son las mujeres desagradecidas, aguafiestas y que no aprecian nada; mujeres que actúan como si las llamadas, los regalos, la preocupación y la presencia de un hombre en sus vidas no fuera precisamente un buen negocio. ¿Por qué iba a querer un hombre emocionalmente saludable pasar el resto de su vida contigo si tú actúas como si nada de lo que él hace es suficiente? No quiere.

- Agradécele sus actos amables y considerados. Si él planea una velada llena de actividades que sabe que a ti te gustan, agradécele que piense en ti. Si te llama para desearte buena suerte en un examen o en la presentación de un informe en el trabajo, agradécele que piense en ti.
- Agradécele lo que te da emocional y materialmente. Si te lleva a un concierto o al cine, agradécele que lo pla-

nee y que te proponga ser su invitada. Si te regala flores, agradéceselo apropiadamente y ponlas en el jarrón más bonito que tengas y colócalo en un lugar destacado. Si él comparte sus sentimientos contigo, agradécele que sea tan abierto.

- Agradécele su gratitud correspondiéndole con tu propia amabilidad y consideración. Si él se ha apartado de sus propias inclinaciones en diversas ocasiones para llevarte a tus actividades favoritas cuando os veis, planea una sorpresa con algo que tú sepas que a él le gusta. Si él te ha apoyado en tus objetivos profesionales y te ha llamado a tu trabajo para animarte, llámalo para desearle suerte con motivo de alguna jornada especial.

Expresar la apreciación y mostrar el agradecimiento son prácticas que creo que deberíamos aplicar en todas nuestras relaciones. Sin embargo, cuando estás comenzando una relación íntima con un hombre, la apreciación y la gratitud son especialmente cruciales. Recuerda: los hombres odian sentir que no lo están haciendo bien, cualquiera que sea lo que el «lo» esté sustituyendo. Este es el secreto de la regla verdadera 16, y por qué seguirla es la llave para un noviazgo feliz y un posible compromiso: cuanto mejor sepa un hombre que está haciendo un buen trabajo en vuestra relación, más confiado se sentirá y más ansioso se sentirá por establecer un compromiso permanente.

Si tú eres como la mayoría de las mujeres, tú amas cuando un hombre aprecia todo lo tuyo, desde el más pequeño de los detalles de tu imagen exterior hasta el modo como le haces sentir. Y tú amas el que él no dé por sentado cuanto haces por él y, en vez de eso, comparte contigo su gratitud por todo lo que haces por él. Por el contrario, no hay nada peor que un hombre egocéntrico y narcisista que piensa que tu trabajo es ser su cocinera, su criada, su animadora y su juguete sexual las veinticuatro horas del día, y que nunca, sin embargo, te lo agradece, haciéndote sentir que nunca acabas de hacerlo bien.

Te recuerdo esto, una vez más, hasta que te recuerdes a ti misma que has de tratar a un hombre como tú quieres que él te trate. El hombre apropiado para ti te amará y respetará por ser emocionalmente generosa, y él te devolverá esa generosidad emocional. El hombre apropiado para ti pensará para sí: «Esa es la clase de mujer cálida y generosa con la que me gustaría casarme. Ese es el tipo de persona cariñosa y sensible que, algún día, podría convertirse en una gran madre». Luego asegúrate de que el hombre apropiado sabe que tú eres la mujer apropiada para él mediante la práctica de la regla verdadera 16 y comparte la generosidad emocional de tu corazón.

Cuarta parte

Las verdaderas reglas acerca del sexo

REGLA VERDADERA 17: ESPERA A LOGRAR LA INTIMIDAD
EMOCIONAL ANTES DE ACCEDER A LA INTIMIDAD SEXUAL

¿Te has dicho alguna vez en que te hubieras vuelto loca por un hombre, y después de tener relaciones sexuales con él, que lo que tú sentías no era amor, sino deseo sexual?

¿Te has acostado alguna vez demasiado pronto con un hombre inapropiado, y has seguido relacionándote con él sólo para «legitimar» el sexo, de modo que no parezcas una puta?

¿Has tenido relaciones sexuales con un hombre cuyo mero recuerdo te pone furiosa, por haberte liado con él, o con quien por el solo hecho de recordarlo te avergüenza?

Si contestaste «sí» a cualquiera de esas preguntas, o si has tenido experiencias semejantes, probablemente haya sido porque tú desconocías la regla verdadera 17: espera a lograr la intimidad emocional antes de acceder a la intimidad sexual. Tener relaciones sexuales demasiado pronto es uno de los errores más comunes y dolorosos que pueden cometer las mujeres en sus relaciones con los hombres.

¿Qué quiero decir con «demasiado pronto»? No se trata de un cierto periodo de tiempo, como diez citas, o tres meses. La regla verdadera 17 pone el énfasis en que deberías basar esa importante decisión de acceder a la intimidad sexual con un hombre no en cuánto tiempo ha pasado, sino en cuánta intimidad emocional y compatibilidad hayáis podido establecer entre ambos.

Hacer el amor es una de las más poderosas experiencias

que dos personas pueden compartir. Por su lado más positivo, no se trata sólo de la unión física de los cuerpos, sino de los corazones y los espíritus también. Cuando haces el amor con un hombre, no sólo te estás confundiendo con su forma: te abres para recibir su energía, sus vibraciones y la esencia de quién es dentro de tu propio cuerpo. Dependiendo de con quién acabes acostándote, esa energía puede tener sobre ti un efecto maravilloso o un efecto desastroso.

¿No explica esto la mar de bien el que hayas tenido la experiencia de pensar que alguien te gustaba mucho, imaginarte finalmente haciendo el amor con él y disfrutando de ello, para, apenas pones fin a esa relación, descubrir que ese hombre te deja indiferente? Es como si una vez que la lujuria desapareciese, dejaras de sentir la energía que te había llevado a acostarte con esa persona.

Llamo a este fenómeno «lujuria ciega»: conoces a alguien que te atrae poderosa, poderosa, poderosamente, y tú confundes la química sexual con la compatibilidad. Es como si la lujuria te cegara para todo lo relativo a ese hombre y tú te convencieras de que es el hombre de tus sueños, cuando la verdad es que lo que ocurre es que te pone caliente. Cuando finalmente duermes con él y la lujuria se aplaca, de repente lo ves como realmente es... y te pones enferma. ¡Eso es la lujuria ciega!

La regla verdadera 17 te ayudará a protegerte de la lujuria ciega, de asumir la energía de un hombre a quien tú no quieres y de establecer una relación en la que no debes estar; y lo hará animándote a centrarte en desarrollar tu intimidad emocional, no la física. Es algo similar a la construcción de los cimientos de una casa antes de levantar las paredes y el techo. El fundamento de una gran relación que se construye para que sea duradera es la intimidad, no el sexo. Por descontado que el sexo es una importantísima parte del matrimonio, pero sin el compromiso emocional y la compatibilidad no es suficiente para que una relación funcione.

La regla básica es: pospón el tener relaciones sexuales tanto como te sea posible (¡y no estoy hablando de posponerlo tres semanas!). Quiero decir hasta que tú sepas que es el momento adecuado, hasta que tú y tu pareja os sintáis emocionalmente atados, y hasta que sientas que te parece totalmente antinatural no tenerlas. He aquí algunos consejos para que los pongas en práctica:

¿Cuál es el momento de acceder a la intimidad sexual?

- Debes establecer una intimidad intelectual antes de una intimidad sexual. Esto significa que deberíais pasar casi dos veces más charlando y aprendiendo cosas el uno del otro que tonteando. Debes sentir que puedes hablar y discutir de cualquier cosa. Debes haber desarrollado una comunicación buena y consistente acerca de la relación en sí. Debes conocer la manera de pensar de tu pareja y te ha de gustar.

- Debes establecer una intimidad emocional antes de la intimidad sexual. Eso significa que debéis sentir un fuerte lazo entre vuestros corazones y experimentar una cercanía que no tenéis con nadie más. Debes haber compartido verbalmente con él los sentimientos más profundos, preferentemente los amorosos. Debes amar efectivamente el interior de esa persona, no sólo su cuerpo o su buen aspecto. Debes querer hacer el amor con su forma interior, en vez de con su forma externa.

- Te ha de gustar realmente esa persona. Yo tengo un dicho: no te acuestes con nadie a quien no te quieras parecer, lo cual significa que debes respetarlo: sus valores, su carácter, el modo como te trata a ti y a los demás, y la manera que tiene de vivir su vida.

- Debéis haber discutido acerca del control de natalidad, de las enfermedades de transmisión sexual, como los herpes o el sida, y saber cuanto te sea posible acerca de la historia sexual de tu pareja. Ambos, tú y tu pareja, debéis haceros la prueba del sida y conocer los resultados.

- Ambos debéis estar de acuerdo en qué forma de control de natalidad vais a usar, así como estar seguros de que practicáis un sexo seguro. Debéis hablar de los embarazos y de vuestra actitud hacia ellos, pues son siempre una posibilidad que puede darse.

Cada uno de nosotros tiene diferentes valores morales que guían nuestras decisiones en la vida. Tú puedes pensar que es equivocado tener relaciones sexuales antes del matrimonio. O puedes pensar que es correcto tener relaciones sexuales siempre que quieres y con quien te apetezca. Mi misión no es decirte lo que es bueno y lo que no lo es. Lo que yo puedo decirte es que siguiendo la regla verdadera 17 te asegurarás de que no acabas teniendo una relación meramente sexual, sino una relación en que verdaderamente estás haciendo el amor; y para eso, cuando sea que tú decidas compartir la bella experiencia de la unión sexual con un hombre, vuestros corazones han de estar abiertos y entonces hacer el amor consistirá en lo que su propio nombre sugiere: crear más amor entre vosotros.

REGLA VERDADERA 18: NO TE REBAJES A TI MISMA
COMPORTÁNDOTE COMO UN OBJETO SEXUAL

Seamos sinceras respecto a algo que todas las mujeres sabemos, pero nunca nos atreveremos a admitir en voz alta: es fácil, aunque penoso, usar tu sexualidad para manipular a un hombre. Es algo que no requiere ninguna inteligencia, estilo o creatividad. Te pones una falda ajustada, una camiseta cortísima, una minifalda, unos vaqueros tan ajustados que ni puedas subirte la cremallera, un escote pronunciadísimo bajo su nariz y, de acuerdo con las viejas reglas, consigues enseguida que un hombre te preste atención, ¿verdad?

Las verdaderas reglas dicen: ¿qué? ¿cuál es el éxito de conseguir que un hombre se interese por ti sólo por agitar las *domingas* ante sus narices? Eso sería algo así como ofrecer a un perro callejero un gran hueso jugoso y animarse cuando lo vemos acercarse para comérselo, pensando: «¿Ves?, realmente le gusto». Despierta, querida: no le interesas tú, le interesa tu carne.

La regla verdadera 18 dice:

- No te rebajes a ti misma y te comportes como un objeto sexual para conseguir el hombre que te gusta.

- No uses el sexo para manipular a los hombres, excepto si quieres ser vista únicamente como un objeto sexual.

Y...

- Si te comportas y te vistes como un objeto sexual, no te extrañe que se te trate como tal.

No comportarse como un objeto sexual significa:

- No pestañees y dirijas continuamente a un hombre miradas sugestivas.

- No te sitúes muy próxima a él o restriegues tu cuerpo contra el suyo.

- No te emborraches y actúes estúpidamente.

- No actúes de forma coqueta y equívoca.

- No hagas comentarios sugestivos.

No estoy diciendo que no debas hacer esas cosas con tu novio de seis meses (excepto, a mi modo de ver, emborracharte y actuar estúpidamente). Esta regla verdadera tiene que ver con que no aparezcas como un objeto sexual al comienzo de vuestra relación, cuando un hombre se está formando una primera impresión de ti.

Hablemos de trapos un minuto. No hay nada malo en llevar vestidos que te hagan sentir femenina, bella e incluso *sexy* cuando ello sea apropiado. Y una vez que inicias una relación seria, es divertido vestirse de modo que os complazca tanto a tu pareja como a ti. Pero recuerda esto: al comienzo de una relación, o antes incluso de que conozcas a un chico, vas a ser juzgada por tu apariencia externa. Y según cómo te vistas atraerás a una clase u otra de hombres.

Conozco a una mujer que se queja constantemente de que no puede encontrar al hombre apropiado para ella, y sólo atrae a imbéciles que «sólo quieren una cosa llamada sexo». Si le echaras un vistazo, sabrías en el acto cuál es su problema: se viste como una puta. Consigue parecer una muñeca deslucida, con el pelo blanquecino, ropas que apenas encuentran dónde acomodarse en su cuerpo y más maquillaje que una reinona travestida. Su presencia física sólo emite un mensaje: quiero que me folles. Y después a ella le molesta que los hombres quieran hacer precisamente eso.

Los hombres son criaturas muy visuales, y no tienden a hacer excesivas consideraciones de tipo intelectual cuando se trata de aquello que ven: si tú te vistes como una puta, un hombre pensará que lo eres. Si te vistes como una mujer con clase, pensará que lo eres. Si tú te vistes con gusto y de modo que te realce y refleje tu estilo personal, él pensará que eres atractiva e inteligente. Tu apariencia externa debe reflejar cómo sientes por dentro. Si tú presentas una imagen de ti misma que no responde a tu yo real, no te sorprendas de que atraigas a hombres que no amen lo que realmente eres. Hay hombres que le temen a la intimidad y tienen un problema tan grande de autoestima que buscan una mujer que sea un accesorio aparente, antes que una con la que tener una relación plena de significado. Luego si tú te anuncias como un accesorio, de ahí el tipo de comprador que conseguirás.

¿No quieres que un hombre te ame por quien eres interiormente y no por cuál es tu apariencia externa? Pues no enfatices tu imagen externa, pues él no pasará de ella. Si tú te vistes de un modo que reclama toda la atención hacia tu cuerpo y hacia tu sexualidad, le será difícil, al hombre adecuado para ti, tomarte seriamente en otras facetas de tu personalidad. Además, ¿cómo puedes tener la seguridad de que él te ama por tu verdadero yo si no haces otra cosa que alimentar cualquier fantasía visual que él tenga?

Lo repito, una vez que estés en una relación equilibrada y amorosa, es divertido complacer a tu pareja llevando vestidos que le gusten, pero sólo si te sientes cómoda haciéndolo, y sólo si sabes que él te ama igual que cuando llevas jerséis o camisetas de una talla superior.

El tipo de hombre con el que te quieres casar, un hombre que sea un buen marido y un buen padre, no anda buscando una mujer que parezca una fantasía de una revista porno. Busca a su mejor amiga, una compañera cariñosa y alguien de quien pueda sentirse orgulloso. Recuerda: cuanto más compartas tu mente y tu corazón con un hombre, más ofrecerás de ti a un hombre para que se enamore de ti. Al final, lo que resulta verdaderamente *sexy* es la confianza, la calidez, la inteligencia y el amor. Cuando muestras esas partes de ti misma al hombre adecuado, él te conocerá como la mujer única y especial que tú eres, y no se resistirá al fruto de ese conocimiento.

REGLA VERDADERA 19: APLICA LAS VERDADERAS REGLAS EN LA CAMA

Digamos que has seguido las verdaderas reglas para encontrar el hombre adecuado, que has desarrollado una relación íntima emocional e intelectualmente, y ahora habéis llegado a la conclusión de que es el momento de hacer el amor. *¡No te olvides de las verdaderas reglas sólo porque te metes en la cama con un chico!* En efecto, practicar las verdaderas reglas en la cama es uno de los mejores caminos para crear una vida sexual apasionada y completa.

He aquí cómo puedes aplicar algunas de las verdaderas reglas a tu relación sexual con un hombre:

Regla verdadera 2: Recuerda que los hombres necesitan tanto amor y reafirmación como tú misma

¿Sabes lo nerviosa que te pones cuando anticipas esos primeros encuentros sexuales con alguien de quien te has enamorado? Bien, ¡no olvides que él está tan nervioso como tú! Las verdaderas reglas te recuerdan que no importa lo maravilloso que tú creas que es ese chico, y cuánto quieres que te quiera, es humano y tiene las mismas inseguridades y necesidades que tú. Recordar eso te puede ayudar a relajarte, a no preocuparte tanto de que todo haya de ser perfecto, y a dejarle penetrar en tu corazón.

Regla verdadera 4: No juegues

Todos los juegos tienen que ver con la decepción, y no hay lugar para ellos en el dormitorio. Algunos de los juegos sexuales que no deberías jugar si estás observando las verdaderas reglas son:

—Intenta adivinar cómo me siento.
—Primero te deseo, luego no.
—No importa lo que hagas, no me impresionas.
—No vas a conseguirme sexualmente hasta que vea el anillo.

No uses el sexo para manipular a un hombre y conseguir que haga lo que tú quieras que haga, o para convencerle de seguir viéndote cuando ya ha manifestado que quiere romper, o para arreglar cuentas con él por algo que te hizo seduciéndolo y después actuar como si fuese un amante horrible: todos estos son los juegos que no forman parte de las verdaderas reglas.

Y no es necesario decir que nunca, nunca, finjas un orgasmo.

Regla verdadera 5: Sé tú misma

No intentes convertirte en el tipo de mujer que tú crees que tu pareja quiere que seas en la cama. Sé tú misma, porque, en cualquier caso, es la única cosa que puedes hacer realmente bien. Eso significa que si no estás puesta en el sexo salvaje y en la aventura exótica no intentes actuar de ese modo. Si te sientes muy emocional y descubres que quieres gritar, no te reprimas. Si eres un poco tímida y sin experiencia, no finjas que has tenido cientos de relaciones sexuales. Cuanto más natural seas, más fácil os resultará a ti y a tu pareja conectar desde vuestros corazones y hacer realmente el amor.

Ser tú misma también significa no hacer cosas que te hacen sentirte incómoda, incluso si eso significa poner en peligro la relación. Si a ti no te va el sexo perverso y tu novio saca las esposas y el látigo de seda, hazle saber que lo mejor es que se deshaga de ellos cuanto antes. Si tu novio quiere hacer el amor tres veces al día y eso es demasiado para ti, no lo hagas obligada y sientas luego resentimiento contra él. No tienes que disculparte por tus preferencias, ni tampoco la obligación de explicarlas. Pero las verdaderas reglas dicen que has de asumirlas si vas a ser tú misma.

Regla verdadera 10: Presta atención a las señales de aviso de posibles problemas

Tener relaciones sexuales con alguien es una experiencia muy reveladora. Aprendes cosas acerca de un hombre, cuando estás con él en la cama, que no aprenderías de ningún otro modo. Presta atención a cualquier señal de aviso de posibles problemas tales como los siguientes:

- Tu pareja es muy controladora en la cama: te da instrucciones, te dice cuándo te has de mover, te gira de este lado o del otro, y domina toda la experiencia. A los hombres les gusta, o bien sentirse fuera de control en sus vidas cotidianas, o bien temerosos de ser controlados por una mujer. En cualquier caso estás liada con un maniático del control.

- Tu pareja se apresura a acabar el acto sexual: le puede parecer secretamente que el sexo es algo sucio y se siente culpable disfrutando de él.

- Tu pareja es un amante egocéntrico e insensible: también puede ser una persona egocéntrica e insensible y tú no te habías dado ni cuenta hasta entonces.

- Tu pareja es un actor sexual: parece encantado de saber lo bueno que es en la cama, y tú empiezas a sospechar que no importa en realidad con quién esté, pues todo se reduce a su importancia. Ese chico probablemente sea egocéntrico y narcisista, e incapaz de amar a alguien que no sea él mismo.

- Tu pareja es totalmente inexpresiva: si él se está quieto como un ratón, apenas te da ninguna indicación de que se lo está pasando bien y serías incapaz incluso de decir que se ha corrido, estás con un chico que lo tiene muy crudo para expresar sus sentimientos, dentro o fuera de la cama.

- Tu pareja no puede tener relaciones sexuales sin colocarse o drogarse: un hombre que no puede tener una relación sexual sin estar colocado o borracho tiene un serio problema de adicción, lo quiera reconocer o no. Si tu pareja necesita volar alto para disfrutar del sexo, tiene un problema real. Y o él consigue ayuda, o a ti te conviene dejarlo.

Estas son unas cuantas señales de aviso que deberías vigilar. Hay docenas de ellas más. Cuando tengas dudas, habla con tus amigas o amigos a ver qué piensan de la conducta sexual de tu pareja. Ellos serán capaces, probablemente, de interpretar las señales con más propiedad que tú, pues ellos no están implicados en la relación.

Regla real 14: Sé sincera acerca de tus sentimientos

Las verdaderas reglas tienen todas ellas que ver con la comunicación sincera, no con los juegos de adivinanzas. Por lo que cuando se trate de tu vida sexual:

- Dile a tu pareja lo que te gusta y lo que te desagrada.

- Déjale saber cuáles son tus sentimientos.

- Sé emocionalmente abierta para que él pueda serlo también.

- Hablad juntos cuando no estéis en la cama acerca de

vuestras actitudes hacia el sexo, vuestros deseos o vuestras necesidades.

- Edúcale acerca de tu cuerpo. Él no tiene uno como el tuyo, por lo que él no sabe qué hacer con él tan bien como lo sabes tú.

Regla verdadera 16: Sé emocionalmente generosa, no emocionalmente tacaña

Cuando estás en la cama con el hombre a quien amas, usa palabras (¡y sonidos!) para mostrar tu consideración. Dale a entender lo que está haciendo bien. Permite que sepa lo que te hace sentir bien. Dile lo mucho que te gusta lo que está haciendo y cómo te hace sentir de corazón. Muéstrale lo mucho que consigue excitarte. ¡Deja que se desborde la pasión!

¡Diviértete practicando las verdaderas reglas en la cama!

Quinta parte

Las verdaderas reglas para conseguir que un hombre se comprometa

¿Has estado alguna vez en una relación en la que todo ha ido bien hasta que tú sacas el tema del «compromiso»? ¿Te ha preocupado alguna vez el hecho de que, aunque tú no quieras presionar a un hombre para que se comprometa, si no lo haces, él nunca te pedirá que te cases con él?

Cuando tu novio te dice que te quiere, pero que aún no está preparado para «asumir un compromiso», ¿qué quiere decir?

Creo que no hay ninguna otra palabra en nuestra lengua que pueda causar más tensión entre hombres y mujeres que la palabra *compromiso*. Luchamos a propósito de ella, nos preocupamos por ella, y a veces hasta rompemos relaciones por ella. Hace aflorar los peores estereotipos acerca del sexo opuesto: los hombres creen que el propósito de la vida de una mujer es atrapar a un hombre consiguiendo que se comprometa; las mujeres piensan que los hombres le tienen fobia al compromiso y que sólo cederán y tratarán del asunto bajo una dura y fortísima presión.

Tras trabajar con miles de parejas a lo largo de los años, he llegado a la conclusión de que nuestros innumerables problemas con el compromiso podrían ser evitados si comprendiéramos la regla verdadera 20: que comprometerse no tiene nada que ver con tomar la decisión de casarse con alguien un día. Hay, de hecho, cuatro niveles de compromiso por los que debería atravesar toda relación y, por lo tanto, cuatro decisiones que cada pareja debe tomar, cada una en su momento.

Tú, al igual que la mayoría de la gente, equiparas inconscientemente la palabra «compromiso» con la palabra «matrimonio». Digamos, por ejemplo, que conoces a un chico y que realmente te gusta. Hace seis meses que os veis y de repente tú empiezas a sentir como que necesitas un «compromiso» para afianzar esa relación. De modo que te preguntas: ¿quiero comprometerme y casarme con esa persona? Si es demasiado pronto para ser capaz de responder a esa pregunta, y probablemente lo será, acabarás confundida y sorprendida: ¿qué hago ahora? ¿Significa esta falta de seguridad que debo romper con él?

La respuesta es: no. Lo que sucede es que tú estás preparada para un nuevo nivel de compromiso, no necesariamente un compromiso matrimonial. Pero si no comprendes la regla verdadera 20, no sabrás cuál es ese próximo nivel de compromiso, y podrías sabotear, sin duda, una relación maravillosa.

Imagina por un minuto que decides hablar acerca de ese tema con tu novio. Dile: «Cariño, siento que necesito un mayor compromiso por tu parte». ¿Qué es en lo primero que piensa él? ¡Acertaste! Él piensa que tú quieres que te haga una proposición matrimonial.

Él se dice a sí mismo: «Válgame Dios, la quiero y todo eso, pero realmente yo no estoy aún preparado para casarme». De ahí que pueda responderte diciendo: «Mira, ahora mismo no puedo comprometerme». Tú oyes eso y rompes a llorar, concluyendo: «No me quiere, no se toma lo nuestro en serio». Y quizás incluso llegues a romper con él, y les digas a tus amigas que él no quería una relación que incluyera el compromiso.

Y ahí estáis ambos: desolados, echándoos de menos el uno al otro, y sin comprender en absoluto qué ha pasado. La verdad es que probablemente tú querías lo mismo: un nivel más profundo de compromiso, pero no aún un matrimonio. Sin embargo, desconociendo los niveles de compromiso, ni siquiera puedes hablar claramente con la otra persona acerca de lo que necesitas.

He aquí una descripción de los cuatro niveles de compromiso por los que debe pasar una relación a medida que se desarrolla. Creo que te parecerá interesante para comprender tu propia relación y saber cuándo es el momento adecuado para progresar al siguiente nivel.

Nivel de compromiso 1: Compromiso de ser sexual y emocionalmente monógamo
Periodo: de 0 a 3 meses.

Si eres soltera y sales con alguien, seguro que emplearás algún tiempo en conocer a tu nuevo acompañante y decidir si quieres seguir saliendo con él. Llegado el momento, en el transcurso de unas semanas o unos pocos meses, necesitarás algún tipo de compromiso para profundizar la relación. Este debería ser el momento de establecer un compromiso para ser sexual y emocionalmente monógamos. Yo le llamo a esto una nueva relación.

He aquí algunos acuerdos a los que ambos debéis llegar de consuno para entrar en este primer nivel de compromiso:

1. Tú y tu acompañante estáis de acuerdo en que la vuestra es la única relación íntima que tenéis, y os comprometéis a dedicar vuestro tiempo y vuestra energía para compartirla el uno con el otro, pero con nadie más.

2. Tú y tu acompañante estáis de acuerdo en que sois, el uno para el otro, pareja sexual exclusiva (y sexo aquí significa desde los besos hasta el coito; sea cual sea el nivel en el que estéis en ese terreno).

Si un hombre rehúsa establecer con prontitud el primer nivel de compromiso en vuestra relación, te recomiendo que le digas adiós en el acto. Tu relación no se desarrollará sin la monogamia, y si tu acompañante no te respeta y te valora lo suficiente como para ofrecerte ese compromiso, no merece la pena esperar a que se decida.

Nivel de compromiso 2: Compromiso para trabajar en pro de establecer una verdadera pareja
Periodo: de 3 a 6 meses.

Una vez que tú y tu acompañante os comprometéis a ser monógamos y lo mantenéis durante tres o cuatro meses, vuestra relación se convertirá en algo más «serio». Tú te considerarás «enamorada»: oficialmente constituís una pareja. Este es un momento crucial de la relación, pues vas a involucrarte emocionalmente mucho más. Por lo tanto, quieres estar segura de que has tomado la mejor decisión antes de volverte más vulnerable. Deberíais pasar el tiempo profundizando en el conocimiento mutuo y probando vuestra compatibilidad a través de la práctica de las verdaderas reglas. Yo llamo a esta fase una relación en progreso.

Cuando sientes que:

- Vuestra relación va mejor cada día que pasa,

- pasáis la mayor parte del tiempo y de vuestra vida juntos

- comienzas a pensar como «nosotros»,

... entonces estás preparada para el segundo nivel de compromiso: esforzarse por crear una pareja.

He aquí algunos de los acuerdos a los que debéis llegar tú y tu pareja cuando entráis en el segundo nivel de compromiso:

- Tú y tu pareja estáis de acuerdo en que vuestra relación es especial y digna de cultivarla.

- Tú y tu pareja estáis de acuerdo en que vuestra relación tiene posibilidades de ser duradera.

- Tú y tu pareja estáis de acuerdo en trabajar juntos y comunicaros sinceramente vuestros sentimientos, contemplando además vuestros propios defectos para conseguir una completa intimidad y para aprender el uno del otro, de modo que al final consigáis una relación duradera.

Es durante la fase de desarrollo de la relación cuando la mayoría de nosotras comete el error de no pasar al segundo nivel de compromiso. Tú asumes que tu pareja ve un posible futuro contigo; de otro modo, ¿por qué te sigue diciendo que te ama y pasa todo su tiempo contigo? Tú, de hecho, no hablas acerca de lo que das por sentado, y un día, meses más tarde, se te rompe el corazón cuando empiezas a hablar de matrimonio y él se descuelga diciendo: «Yo nunca dije que tuviéramos un futuro juntos. Yo no te amo de esa manera».

No permanezcas en una relación en progreso durante más de cuatro o seis meses sin pasar al segundo nivel de compromiso.

Nivel de compromiso 3: Compromiso de estar juntos en el futuro
Periodo: de seis meses a cuanto a ti te parezca necesario.

Una vez que habéis estado de acuerdo en constituir una pareja, puedes pasar desde seis meses hasta varios años construyendo esa unión, siempre dependiendo de lo mayores que seáis y de las circunstancias que rodeen vuestra relación. Mi consejo es que cuanto más jóvenes seáis, más tiempo deberíais emplear antes de llegar al tercer nivel de compromiso. Si tienes veintipocos, no te sugiero que llegues al tercer nivel de compromiso si sólo conoces a un chico desde hace seis meses. Para ser sincera, lo más probable es que necesites varios años de aprendizaje en las habilidades para mantener una relación y una madurez emocional que proporcione a tu amor una base sólida. Si tienes treinta y tantos, has tenido ya varias relaciones serias, y tienes las ideas claras acerca de quién eres y qué quieres, puede que no necesites (o no quieras gastar) todo ese tiempo construyendo una relación, y puede que ya estés preparada para comprometerte en un futuro compartido dentro del primer año de relaciones. El caso de cada pareja será diferente.

Estás preparada para llegar al tercer nivel de compromiso cuando:

- Has creado una pareja fuerte y saludable que funciona bien casi todo el tiempo.

- Estás segura de que queréis pasar vuestro futuro juntos, si es que no el resto de vuestra vida.

- No tienes ningún deseo de buscar a alguien más como posible pareja.

- Te sientes totalmente amado y apreciado por tu compañero casi todo el tiempo.

Aquí van algunos acuerdos que tú y tu pareja debéis establecer para entrar en el tercer nivel de compromiso:

- Tú y tu pareja estáis de acuerdo en que queréis pasar vuestro futuro juntos.

- Tú y tu pareja estáis de acuerdo en formalizar vuestro compromiso ya sea:
  - comprometiéndoos para casaros,
  - planeando comprometeros matrimonialmente tan pronto como tú puedas,
  - decidiendo vivir juntos.

- Tú y tu pareja estáis de acuerdo en continuar trabajando sobre vuestra personalidad y sobre la relación para eliminar cualquier duda que pueda quedar o los obstáculos que se interpongan entre vosotros y un compromiso feliz para toda la vida.

Probablemente te habrás dado cuenta de que el tercer nivel de compromiso es un acuerdo para pasar el futuro inmediato juntos, pero no el futuro indefinido, como para siempre. Vosotros sabéis que queréis pasar vuestra vida juntos, pero por diversas razones tú aún no estás totalmente preparada para formalizar ese deseo y casarte de inmediato. (Ése sería el cuarto nivel de compromiso.)

La forma de realizarse el tercer nivel de compromiso será diferente según la pareja, dependiendo de lo tradicional o no que sean tus valores y las circunstancias que rodeen tu relación. Si tú te sientes segura acerca del hecho de irte a vivir con un hombre durante el tercer nivel de compromiso, pero quieres que, de algún modo, se establezca la estructura formal del matrimonio, necesitas discutirlo antes de que te traslades a vivir con él para evitar cualquier malentendido. Tú puedes proponer un plazo temporal, nueve meses o un año tras iniciar la convivencia, por ejemplo, momento en el que podéis reevaluar vuestra relación y decidir si os sentís preparados o no para casaros.

Nivel de compromiso 4: Compromiso para pasar juntos el resto de vuestra vida

Esto es en lo que la mayoría de nosotras pensamos cuando usamos la palabra «compromiso»: matrimonio. Estás preparada para el cuarto nivel de compromiso cuando:

- Has estado en el tercer nivel de compromiso durante cierto tiempo (comprometido, viviendo juntos, etcétera) y habéis trabajado para vencer cualesquiera obstáculos circunstanciales o problemas emocionales que se os han atravesado en el camino.

- Tienes una fe y una confianza totales en tu relación y en vuestra habilidad para continuar creciendo y sobreviviendo a cualesquiera adversidades que se os presenten.

- Te sientes excitada por la idea de explorar niveles más profundos de amor, intimidad y entrega con tu pareja.

- Estás segura de que tú y tu pareja sois lo suficientemente compatibles para vivir juntos.

He aquí algunos acuerdos que tú y tu pareja debéis establecer mutuamente cuando entráis en el cuarto nivel de compromiso:

- Tú y tu pareja estáis de acuerdo en que queréis pasar el resto de vuestra vida juntos.

- Tú y tu pareja estáis de acuerdo en que, en tanto que compañeros para toda la vida, vuestra relación se convierte en vuestra creación, vuestra «criatura», y que vosotros habéis de amar, proteger y alimentar a esa «chiquilla» llamada relación.

- Tú y tu pareja estáis de acuerdo con cualesquiera otros compromisos que ambos sentís como importantes para inaugurar este nuevo nivel de unión.

Para la mayoría de las personas, el cuarto nivel de compromiso se expresa a través del matrimonio legal. Para otros que son menos tradicionales se puede expresar en una ceremonia no legal o de cualquier otro modo privado como ellos consagren su relación. Cualquiera que sea la forma de hacerlo, el cuarto nivel de compromiso es la forma más alta de compromiso que puedes establecer con otra persona.

Ahora que ya lo sabéis todo sobre los cuatro tipos de compromiso, espero que veas por qué decirle a un hombre «necesito un compromiso» puede no sólo ser confuso, sino bastante impropio. Él puede pensar que tú quieres casarte y tú puedes simplemente querer asegurarte de que él no se acuesta con nadie más.

¿Cómo puedes conseguir estos compromisos y los acuerdos que tú quieres por parte de tu novio? Recuerda la regla verdadera 14: sé sincera acerca de tus sentimientos. Di exactamente lo que quieras decir. Puedes comenzar por preguntarle qué necesita de ti para continuar en la relación, y después menciona lo que tú necesitas de él. Incluso mejor, saca una copia de las verdaderas reglas y enséñale esta sección, para preguntarle después qué opina al respecto. ¿Qué ocurre si él está en desacuerdo con todo o rehúsa hablar de ello? ¡Una señal de aviso! Después de todo, si vosotros no podéis ni siquiera hablar acerca de estas materias, vosotros no deberíais estar juntos y, por supuesto, no deberíais comprometeros seriamente.

Cuando saques el tema de los niveles de compromiso frente al «gran compromiso», descubrirás un secreto acerca de la regla verdadera 20: ¡a los hombres les encanta! Cuando compartas esta clase de información específica con tu pareja, él probablemente dará un suspiro de alivio y pensará: ¡qué mujer tan inteligente y clara! En lugar de sentirse presionado para comprometerse matrimonialmente de modo prematuro, tu novio puede ahora comprometerse paso a paso, comprender tus necesidades, hacerte feliz y sentirse seguro de que, cuando te pida que te cases con él, ambos estaréis totalmente preparados.

Regla verdadera 21: Los compromisos emocionales son más valiosos que un anillo de compromiso

L as viejas reglas creen que el propósito de tu relación con un hombre, desde el momento en que lo conoces, es conseguir que te pida que te cases con él y ofrecerte un bello anillo de compromiso. Las verdaderas reglas, sin embargo, dicen: si eso es todo lo que un hombre puede ofrecerte cuando te hace una proposición, lo único que vas a conseguir es un fracaso. ¿Por qué? Pues porque no es el anillo, o la proposición, lo que harán que tu relación dure toda una vida, sino los compromisos emocionales que un hombre pueda ofrecerte desde lo más profundo de su corazón.

He aquí el problema: a menudo nos obsesionamos tanto con la espera de la proposición matrimonial y el anillo, que descuidamos la búsqueda de los compromisos emocionales que son la base de un matrimonio afortunado. Estoy cansada de oír cada día historias como esta...

Una mujer ha estado saliendo con un hombre durante uno o dos años; sus amigas y la familia no dejan de preguntarle cuándo se van a casar; su hermana ya se ha comprometido, y muy pronto ella no pensará en otra cosa: «¿Me lo propondrá para mi cumpleaños?». «¿Me lo propondrá el día de Navidad?» «¿Me lo propondrá después de que se gradúe?» Esa proposición se convierte en su objetivo.

¿Qué hace mal esta mujer? Pues concentrar su atención en una cuestión equivocada, la proposición, y no en lo más importante: lo emocionalmente comprometido que está su novio para hablar acerca de sus sentimientos, satisfacer las necesidades que ella tiene y trabajar juntos para crear una relación saludable.

Un día, finalmente, él le pide que se casen y le regale un bello anillo de diamantes. ¡Ya lo ha conseguido! ¡Logró que le hiciera la proposición! Sus amigas y su familia están felices y, durante meses, a ella le parece estar subida en una nube. «¡Enséñanos el anillo!», le pide todo el mundo, y cada vez que lo enseña, toda orgullosa, piensa: «Soy muy feliz».

En un determinado momento, sin embargo, ya sea durante el noviazgo, o peor, durante el matrimonio, ella comienza a darse cuenta de que la relación pasa por serios problemas. Su marido dedica todo su tiempo al trabajo y apenas nada al matrimonio. Rehúsa hablar de lo que la pueda hacer infeliz y responde a sus quejas con un único comentario: «Así es como soy».

¿Se manifestaron misteriosamente estos problemas después de la boda? ¿Tanto ha cambiado su marido desde que estaban comprometidos? ¡No! Estos problemas ya estaban presentes entonces, pero su esposa estaba demasiado ocupada en conseguir esa proposición de matrimonio, en vez de buscar señales de que él estaba emocionalmente comprometido.

Si ella hubiera utilizado las verdaderas reglas y hubiera sido sincera consigo misma, esta mujer habría notado que, aunque su hombre le ofrecía un anillo, él no le ofrecía hablar acerca de sus problemas, convertirla en una prioridad para él o trabajar sobre sus propias limitaciones.

Esta historia podría ser perfectamente la tuya, excepto que recuerdes la regla verdadera 21: los compromisos emocionales son mucho más valiosos que un anillo de compromiso.

Los compromisos emocionales son promesas que os hacéis recíprocamente sobre cuáles son vuestros planes para perfeccionaros individualmente y como pareja. Hay cosas sobre las que debes hablar una y otra vez antes de casarte, preferiblemente incluso antes de comprometerte en un noviazgo formal. He aquí cuatro compromisos emocionales básicos que yo te sugiero que busques en un hombre con quien quieras pasar el resto de tu vida.

1. *Me comprometo a aprender cuanto sea necesario para ser una mejor persona y un mejor compañero.*
Eso significa que trabajaré activamente en mejorarme y

en liberarme de todos mis hábitos emocionalmente poco saludables para llegar a ser una pareja amante y generosa.

2. *Me comprometo a aprender a amarte tanto como tú mereces ser amada.*
Esto significa que me esforzaré en expresar mi amor con palabras y con afecto y en satisfacer tus necesidades.

3. *Me comprometo a hacer lo que sea necesario para que nuestra relación funcione.*
Esto significa que, cuando tengamos problemas, estaré abierta a discutirlos, y a usar libros, cintas, consultas con consejeros o cualquier remedio que pueda ayudar a nuestro matrimonio.

4. *Me comprometo a mantenerme emocionalmente abierto en nuestra relación.*
Esto significa que te comunicaré mis sentimientos, que te permitiré saber qué siento en mi interior y te acercaré a ellos en vez de alejarte.

En cierto sentido, estos cuatro compromisos significan mucho más que el que tu marido diga: «Me comprometo a casarme contigo». Creo firmemente que no es una ceremonia nupcial o un contrato matrimonial lo que genera el compromiso. El matrimonio no es un pedazo de papel o un álbum de fotos de tus vacaciones. No es, tampoco, el poder decir cuántos años habéis vivido en la misma casa. En vez de ello:

EL MATRIMONIO ES LA FORMA COMO TÚ AMAS, HONRAS Y RESPETAS A TU PAREJA DÍA TRAS DÍA, COMO UNA EXPRESIÓN DE VUESTRO MUTUO COMPROMISO EMOCIONAL.

Tú no estás casada porque hiciste una gran fiesta, pagaste el contrato o porque todo el mundo crea que lo estás. Tú estás verdaderamente casada cuando tú y tu pareja alcanzáis una sintonía mental, emocional, física y espiritual. Es una elección personal, no sólo para un día especial, sino para siempre, y esa elección se refleja en el compromiso emocional que llevas a la práctica en cada momento.

Yo encuentro muchas parejas jóvenes que conviven con un peligroso malentendido: «Una vez que nos casemos, todo será magnífico». Tu ceremonia nupcial o un precioso anillo de boda no van a ayudarte a crear un matrimonio feliz, pero sí te ayudarán los compromisos emocionales que adquieras.

A mí me encanta el anillo que mi marido me regaló cuando me pidió que me casara con él. Pero comparado con las promesas emocionales que me hizo y cumplió, ese anillo no vale absolutamente nada. Son esos compromisos que él me ofreció los que me convencieron de que me casaba con el hombre adecuado, y los que han permitido que nuestro matrimonio crezca en amor, respeto y alegría cada día que pasa.

REGLA VERDADERA 22: NUNCA PRESIONES A UN HOMBRE PARA
QUE SE COMPROMETA

Hay un momento en la vida de las mujeres en el que, a pesar de lo mucho que pensemos que hemos trabajado con nuestra autoestima y nuestro autorrespeto, a pesar de nuestras mejores y honorables intenciones y a pesar de que lo sabemos de sobra, presionamos a un hombre para que asuma un compromiso. Algunas de nosotras lo hacemos de modo sutil (¡o eso nos imaginamos!), esperando que, de algún modo, nuestras discretas alusiones hagan nacer la idea en la cabeza de nuestros novios. Empezamos a aludir a cada amigo, primo, vecino o conocido que se acaba de comprometer, siempre con una gran ansiedad en nuestra voz, y seguidamente hacemos una pausa notoria. Metemos la palabra «futuro» en las conversaciones por poco que tengamos la oportunidad de ello: «Le dije a mi jefe que no estaba segura de poder ir a la convención del año que viene, porque aún no sé qué me puede deparar mi futuro».

Algunas de nosotras nos deprimimos misteriosamente y nos convertimos en personas distantes en presencia de nuestro hombre. Suspiramos muchísimo, nos quedamos contemplando el horizonte con la mirada perdida, y cuando nuestro novio nos dice que nos ama, pero no dice nada más, parecemos tristes y pensativas, como si hubiera dicho algo molesto. Cuando él nos pregunta qué va mal, suspiramos aún más profundamente y respondemos: «No, nada..., nada», al tiempo que le echamos una miradita que le dé a entender que ha hecho algo desagradable (aunque, naturalmente, él no tenga ni idea de qué haya podido ser).

Estas conductas tienen poco o ningún efecto sobre nuestros novios, desde el punto y hora en que la mayoría de los hombres no están entrenados para interpretar esos esotéricos síntomas, ¡y probablemente lleguen a la conclusión de que padecemos el síndrome premenstrual!

Algunas mujeres (no tú, por supuesto) que están más desesperadas y mal aconsejadas que otras no se resisten, de hecho, a recurrir a la manipulación y a los trucos que preconizan las viejas reglas. Cuando una mujer de este tipo cree que se le debe una proposición, amenaza con salir con otros hombres, se va de vacaciones sin su novio, no contesta a sus llamadas telefónicas o se cambia de ciudad, esperando que cuando él se dé cuenta de que no puede tenerla, él se saltará todos sus miedos y finalmente la pedirá que se casen.

¿Dan resultado esas tácticas descorazonadoras? Digámoslo así: algunas veces, como ya hemos visto, los hombres inadecuados irán tras esas mujeres que juegan con ellos, e incluso puede que lleguen a hacerles la proposición que ellas ansían. ¿Pero vale de algo ese tipo de proposición cuando casi se le ha arrancado al hombre por la fuerza? A mi modo de ver, no; y tampoco debería valer nada para ti.

No hay más alegría en atrapar a un hombre para obligarlo a comprometerse, o presionarlo para que nos haga una proposición matrimonial, que en gastar el dinero robado, antes que el ganado por ti misma.

De lo que hablamos aquí es de la diferencia entre *conquista*, un concepto al estilo de las viejas reglas, y *compromiso*, un concepto estilo verdaderas reglas. Conquista significa que tú manipulas y presionas a un hombre para que se case contigo, y llegas a la conclusión de que has ganado la lucha de poder entre tu deseo de casarte y su deseo de ser libre. Él era tu presa y finalmente lo atrapaste. El compromiso, por otro lado, es algo que tú no puedes «capturar» en alguien: ha de ser entregado libremente, y precisamente por eso es tan sumamente valioso. Cuando un hombre se compromete contigo de corazón, te está ofreciendo un gran regalo de amor, y honrándote como su compañera del alma.

La regla verdadera 22 dice: nunca presiones a un hombre para que se comprometa. Sigue todas las otras reglas verdaderas compartiendo tus sentimientos sinceramente, haciendo preguntas, siendo tú misma y atravesando los cuatro niveles de compromiso. Si llega un momento de la relación en el que necesitas un grado de compromiso mayor del que él está dispuesto a ofrecerte, y habéis hablado abiertamente de ello el uno con el otro, entonces es el momento de dejarlo y seguir buscando el hombre apropiado para ti. Nunca el momento, sin embargo, de intentar manipularlo para arrancarle ese compromiso. ¿Cuánto valdría ese tipo de compromiso? ¿Qué seguridad tendrías casándote con alguien a quien tú sabes que has engañado para que lo haga?

He aquí otra manera de acercarse a la situación, dándole la vuelta. Digamos que tu nuevo novio, con el que sólo llevas saliendo tres semanas, quiere tener relaciones sexuales plenas contigo, pero tú aún no te sientes preparada para afrontarlas. Él decide seguir una versión masculina de las viejas reglas para conseguir llevarte a la cama. Comienza a actuar con frialdad y manteniendo las distancias, a mirar lascivamente a otros mujeres delante de ti; él menciona, con cierta indiferencia, que ha comido hace poco con su examante, una increíble modelo ninfómana con un cuerpo perfecto (y quien, por cierto, quiere que vuelva con ella); y te informa de que él está planeando hacer un viaje a Tahití, solo.

«Oh, no —pensarás—. Lo estoy perdiendo. Quizás deba dar el paso y acostarme con él antes de que se vaya con otra.» Y así, aun a pesar de que tú no estás preparada para ello, aun a pesar de que vaya contra tus principios, tienes relaciones sexuales con él, a causa del miedo.

¿Te revuelve el estómago esta historia? ¿Te saca de tus casillas pensar lo fácilmente que las mujeres cedemos a las presiones de los hombres, sólo porque no queremos sentirnos rechazadas? ¿Te anima eso a decir: «Los hombres son escoria?» Probablemente..., pero pregúntate a ti misma: ¿qué diferencia hay entre la conducta de ese hombre y la de una mujer que manipula a su novio para que le haga una proposición matrimonial? Ninguna, ninguna en absoluto...

Creo que si un hombre ha de ser tuyo, nunca puedes perderlo, y si no va a serlo, nunca podrás tenerlo, por más que luches de firme por ello. Cuando estás en la relación apropiada, con el hombre adecuado, ambos sabréis, a su debido momento, que estáis llamados a pasar el resto de vuestra vida juntos. Y merece la pena esperar a que llegue ese momento mágico.

Sexta parte

Cómo vivir tu vida con las verdaderas reglas

REGLA VERDADERA 23: SÉ PACIENTE MIENTRAS CAMBIAS DE LAS VIEJAS REGLAS A LAS REGLAS VERDADERAS

Ahora ya estás preparada para la parte más excitante: comenzar a practicar las verdaderas reglas en tus relaciones con los hombres. Si has seguido alguna de las viejas reglas, puede que quieras cambiar y empezar a aplicar las verdaderas reglas en tus relaciones con los hombres, pero no sabes a ciencia cierta cómo hacerlo. O quizás has probado con alguna regla verdadera o dos y no estabas segura de si lo estabas haciendo bien.

Es perfectamente natural sentirse así. Después de todo, puede que hayas estado acostumbrada a jugar con los hombres o a falsear ciertas facetas de ti misma que tú pensabas que podrían no gustarle a un hombre, sin preguntarte qué querías tú, o centrándote excesivamente en conseguir gustarle a él, tanto que no has tenido ni tiempo para pararte a pensar cuánto te gustaba quien él realmente es. Si así es como estabas acostumbrada a pensar y a comportarte, aunque sólo fuera a veces, te vas a sentir un poco extraña al comenzar a hacer exactamente lo contrario de lo que te era familiar.

He aquí algo de importancia que debes recordar: que algo te haga sentirte extraña o incómoda al principio no significa que eso no sea bueno para ti. Recuerda cuando te montaste por primera vez en una bicicleta, o condujiste un coche, o aprendiste a bailar o besaste a un chico. ¿Recuerdas lo nerviosa que estabas y lo extraña que te sentías?

Bien, afortunadamente no interpretaste tu incomodidad como una señal de que no podrías volver a realizar esas actividades. Perseveraste y, poco tiempo después, ir en bici, conducir, bailar o besar te parecieron cosas tan naturales como antes te había parecido lo contrario.

Lo mismo vale para las verdaderas reglas. Puede que atravieses un breve periodo de transición entre la conducta según las viejas reglas y la conducta según las verdaderas reglas cuando te sientas un poco insegura. Después de todo, quizás sea la primera vez que estás dejando que brille tu personalidad con todo su esplendor, y estás siendo totalmente tú con un hombre. La experiencia de ser tranquila, confiada y natural con los hombres puede que te suene a algo inusual y que te haga sentir rara: «¿Y esto es de verdad una cita? —te preguntarás—. ¡Pero si estoy relajadísima!». Felicidades: estás practicando las verdaderas reglas.

He aquí una fórmula breve y eficaz para cambiar de las viejas reglas a las verdaderas reglas.

LA FÓRMULA DE LAS VERDADERAS REGLAS

1. *Advierte cuándo te sientes incómoda junto a un hombre o en una relación.*
2. *Pregúntate: «¿Qué vieja regla estoy practicando que me hace sentir tan incómoda?».*
3. *Luego pregúntate: «¿Qué regla verdadera puedo practicar ahora mismo que me ayude a centrarme?».*
4. *Finalmente, usa esa regla verdadera.*

Veamos un ejemplo de cómo funciona: tú lees este libro y poco después tienes una cita con un nuevo chico. Mientras estáis sentados en el restaurante, tú te percatas de que estás empezando a sentirte incómoda. Te oyes a ti misma hablar de forma trivial sobre el tiempo, las películas que te gustan y otros tópicos por el estilo que te traen absolutamente sin cuidado. «Esto no marcha bien: me oigo como una estúpida idiota», te dices con preocupación.

Entonces recuerdas la fórmula de las verdaderas reglas. «Ah, me estoy dando cuenta de que me siento incómoda. Ése es el primer paso», te recuerdas a ti misma. Vale, ¿cuál es el segundo paso? Preguntarte qué conducta al estilo viejas reglas estás siguiendo y que tan incómoda te hace sentir. «Bien, estoy intentando que las cosas sean fáciles y que todo vaya bien. Estoy falseando mucho de lo que pienso, y no estoy mostrando mi personalidad real.»

¡Bravo! Has señalado exactamente el porqué de tu incomodidad: no estás siendo tú misma. No te sorprende entonces que no te lo estés pasando bien. ¿Y ahora qué? Paso número tres: pregúntate: «¿Qué regla verdadera puedo usar ahora mismo para que me ayude a centrarme? Bien, tengo pocas entre las que escoger: podría hacerle preguntas para saber algo más de él. Podría ser sincera respecto a mis sentimientos. Podría mostrar mi manera de pensar y ser más quien realmente soy».

¡Excelente! Luego ahora es el momento de pasar al punto número cuatro: usa esa regla verdadera. Y tú lo haces:

—Jim, tengo que confesarte que estoy un poco nerviosa esta noche. Le he oído a tu hermano tantas cosas buenas acerca de ti que casi te convertía en un ser perfecto. (Sé sincera con tus sentimientos, regla 14.) O:

—Acabas de decir que te mudaste de Ohio a Nueva York. ¿Ha sido difícil el cambio? Para mí lo fue, cuando vine aquí desde Carolina del Norte, después de la universidad. (Haz preguntas, regla 7.) O:

—Algo de lo que acabas de decir acerca de la fiesta de cumpleaños de tu sobrino me ha recordado un libro excelente que acabo de leer sobre los rituales tradicionales de los indios americanos. ¿Sabías que cuando un chico llega a cierta edad, se le envía durante tres días en busca de la visión de su propio espíritu que le guíe y pasa por experiencias místicas? Suena a algo como muy tranquilo, ¿no te parece? (Muestra tu modo de pensar, regla 15.)

Pues bien, así es de simple. Cuando sigues las verdaderas reglas, te cazarás enseguida haciendo o diciendo lo que no responde a tu yo auténtico, y entonces serás capaz de hacer una elección más saludable si usas una regla verdadera.

Los malos hábitos no se rompen de la noche a la mañana: lleva su tiempo. Ya sea fumar, comer, morderte las uñas, la indecisión, seguir reglas anticuadas acerca de cómo actuar con los hombres o cualquier otro tipo de conducta que no te convenga, hacer cambios positivos es un proceso paulatino, paso a paso, que requiere muchísima paciencia y ánimo. Luego estáte orgullosa de ti misma por decidir hacer un cambio y redescubrir la verdadera mujer, poderosa y atractiva, que hay en ti. Y no te presiones para hacerlo todo bien de la noche a la mañana.

Antes de que te des cuenta, ya no tendrás que pensar en que estás actuando o persiguiendo a los hombres: te sentirás siempre cómoda al expresar tu verdadera personalidad, compartiendo tus pensamientos y tus sentimientos, y dejando brillar tu verdadero yo, bello y único. Eso le proporcionará al hombre adecuado una oportunidad para conocer tu verdadero yo y enamorarse de ti.

REGLA VERDADERA 24: PROTÉGETE CON TU CABEZA, NO CON
TU CORAZÓN

A estas alturas del libro, puede que estés pensando: «Vale, todo esto suena de maravilla, pero qué pasa si sigo las verdaderas reglas y sin embargo salgo herida de una relación? ¿Qué pasa si soy yo misma y un hombre me rechaza? ¿Qué pasa si yo le pregunto y él me llama "controladora"? ¿Qué pasa si le dejo saber cómo siento y él se asusta y me abandona?».

Mi respuesta es la siguiente: si eso sucede, abandona la relación. Recuerda: los hombres inadecuados se eliminan automáticamente a sí mismos de tu vida amorosa cuando tú usas las verdaderas reglas.

No necesitas que te amen todos los hombres del mundo. Sólo necesitas un hombre en todo el mundo que te ame. Usar las verdaderas reglas para averiguar rápidamente que el hombre inapropiado no se interesa por ti no quiere decir que has fallado. Significa, por el contrario, que has tenido éxito: una pareja incompatible más eliminada; una relación que hubiera sido una pérdida de tiempo evitada; un paso más para encontrar el hombre adecuado.

Seamos sinceras. A nadie le gusta ser rechazada, ni siquiera por la gente a la que detestamos. Duele mucho que alguien no piense que eres bella, brillante y deseable: eso es tu ego. Pero tú no puedes evitar que en la vida y en el amor se produzca algún dolor. Forma parte de la vida. Incluso cuando estás felizmente casada, si tu marido se enfada contigo por algo, va a dolerte lo suyo hasta que le beses y hagáis las paces.

Las mujeres que se dejan llevar por un miedo crónico al dolor y al rechazo, y que deciden evitar el dolor a toda costa, acaban siendo frías, distantes e inalcanzables. Su miedo levanta muros alrededor de su corazón y nadie puede salvarlos; y cuando aparece un hombre apropiado y ve esos muros decide que cuesta demasiado trabajo derribarlos y se busca a otra.

Las viejas reglas te avisan de que te protejas con tu corazón, escondiendo tus sentimientos, permaneciendo misteriosa e inalcanzable, y dejando que sea el hombre el único que se sienta vulnerable y quien haya de asumir todos los riesgos. Este tipo de conductas no sólo fallan estrepitosamente a la hora de protegerte del dolor, sino que acaban conduciéndote al mismo dolor del que pretendes huir, en la medida en que manipulas tu destino para casarte con un hombre que desconoce tu verdadero yo y que sólo responde a los juegos de seducción.

La regla verdadera 24 dice: protégete a ti misma con la cabeza, no con el corazón. En otras palabras:

No cierres tu corazón: sé inteligente

Ser inteligente significa usar tu inteligencia y las verdaderas reglas para:

- Alejarte de los hombres a los que no les gustan las reglas verdaderas (3)

- Ser tú misma (5)

- Hacer preguntas antes de involucrarte mucho en la relación (7)

- No citarte con hombres que no están completamente disponibles (8)

- Buscar un hombre de buen carácter (9)

- Prestar atención a las señales de aviso de posibles problemas (10)

- Para no enamorarte de lo que un hombre puede llegar a ser (13)

- Ser sincera con tus sentimientos (14)

- Mostrar tu manera de pensar (15)

- Esperar hasta establecer la intimidad emocional antes de llegar a la intimidad sexual (17)

- No degradarte a ti misma comportándote como un objeto sexual (18)... Y,

- Para asegurarte de que tu relación pasa por los cuatro niveles de compromiso (20)

Cuando uses la cabeza para seguir con los hombres estas reglas verdaderas, evitarás una tremenda cantidad de dolor potencial y de sufrimiento, y tendrás la confianza de que no acabarás en la relación inadecuada con la persona inapropiada.

Tu habilidad para sentir profundamente es tu más maravilloso don. No ignores la voz de tu corazón a causa del miedo. En vez de eso, usa las reglas verdaderas para buscar apoyo en tu poder interior y en tu sabiduría natural, y sigue sus voces hasta que ellas te conduzcan hasta el verdadero amor.

¿Aún no has adivinado cuál es el secreto que se esconde detrás de las verdaderas reglas? Te doy una pista: las reglas verdaderas son bastante más que sugerencias para hallar el hombre apropiado, o un conjunto de consejos para crear una relación completa y satisfactoria con tu compañero del alma. En realidad ni siquiera son reglas acerca de los hombres.

He aquí la verdad acerca de las verdaderas reglas: son las verdaderas reglas acerca de la vida. Se basan en principios espirituales y filosóficos que no sólo se aplican a las relaciones íntimas, sino a tus relaciones con cualquiera, incluyendo tu familia, tus amigos, tus compañeros de trabajo e incluso gente a la que apenas conoces.

Eso es lo excitante acerca de las verdaderas reglas. Una vez que las has entendido, puedes usarlas en toda clase de situaciones y con todo tipo de personas. En efecto, ni siquiera es necesario que tengas una relación íntima ahora mismo para empezar a practicar las verdaderas reglas. Puedes comenzar por aplicarlas en tus relaciones con los demás, de modo que cuando aparezca en tu horizonte el hombre apropiado ya estés acostumbrada a usar las verdaderas reglas.

Mira, por cada problema que hayas tenido en tus relaciones con los hombres, apuesto a que has tenido otros tantos en tus relaciones con los amigos, la familia, los colegas, los empleados, etcétera. Eso se debe a que la mayoría de nosotras cometemos con esas personas los mismos errores que cometemos con nuestros amantes. Las mismas viejas reglas que no funcionan en una relación íntima no funcionan en cualquier otra relación; sin embargo, muchas de nosotras usamos inconscientemente esas viejas reglas en todas las facetas de nuestra vida.

Por ejemplo, ¿te has ido de algún trabajo que no podías soportar? Quizá se debiera a que estabas tan obsesionada por ser contratada que no te planteaste suficientes interrogantes acerca de ese trabajo: el ambiente, la filosofía de la compañía, ¡de modo que no pudiste determinar si era o no el trabajo adecuado para ti! ¿Te suena? Es exactamente lo mismo que hacemos cuando estamos desesperadas por tener una relación y no le hacemos suficientes preguntas al chico antes de involucrarnos más en la relación (regla verdadera 7).

Quizás tengas una amiga que te vuelve loca porque no deja de quejarse acerca de su vida. Y la verdad es que su vida es un auténtico lío. Siempre se mete en relaciones destructivas con hombres que la tratan como basura, que siempre están bebiendo, siendo despedidos de sus trabajos y provocando un drama tras otro.

Cuando vuelves la vista atrás te das cuenta de que sabías, cuando la conociste, que ella tenía problemas, pero... los ignoraste en la esperanza de que, de algún modo, podrías «ayudarla» a enderezar su vida. ¿Reconoces qué regla verdadera ignoraste aquí? La regla verdadera 10. Presta atención a las señales de aviso, y, no te enamores de las posibilidades de alguien (13).

En las siguientes páginas hay unas cuantas reglas verdaderas reformuladas para aplicarlas a todas tus relaciones.

Las verdaderas reglas para la vida

REGLA VERDADERA 1: TRATA A LOS DEMÁS DEL MODO COMO TÚ
QUIERES QUE ELLOS TE TRATEN

Si ésta fuera la única regla verdadera que hubieras seguido en tu vida, lo habrías estado haciendo bastante bien. Es realmente simple: si no te gusta que la gente te mienta, no les mientas tú. Si no te gusta que la gente murmure de ti, no murmures tú de los demás. Si no te gusta que los demás no te den la oportunidad de explicarte, no los ignores cuando ellos están tratando de explicarse a sí mismos.

Un modo de recordar esta regla vital es pensar en la ley del karma: todo lo que haces revierte en ti. Antes de que hagas algo, pregúntate: ¿estoy preparado para asumir las consecuencias de mi acción? Si la respuesta es no, entonces no lo hagas.

REGLA VERDADERA 2: RECUERDA QUE TODO EL MUNDO
NECESITA TANTO AMOR Y REAFIRMACIÓN COMO TÚ MISMA

Dentro de cada persona encuentras la misma necesidad de amor, de aprobación y reafirmación. Seguro que algunas personas tienen algún modo retorcido de conseguir esas cosas, pero la mayoría de la gente responde bien si tú ignoras la personalidad que tratan de venderte y ves, por el contrario, el ser humano vulnerable que hay en el interior.

Recordar que los vendedores que actúan tan compulsivamente probablemente no tienen demasiado amor en sus vidas, o que el chico que busca acreditarse con un proyecto laboral tuyo se siente totalmente desplazado, te ayudarán a no reaccionar desmesuradamente frente a las inevitables decepciones de la vida. Puede que aún estés contrariada, pero al menos no te rebajarás al nivel de la otra persona, actuando de forma tan miserable.

No lo olvides: todo el mundo teme tanto como tú no ser amado.

REGLA VERDADERA 4: NO JUEGUES CON LOS DEMÁS

La decepción y la manipulación pueden dar resultado temporalmente en tu vida personal o profesional, pero al final destruyen tu integridad y tu carácter. Sé directa, justa y no juegues con los demás. Tú vales mucho más.

REGLA VERDADERA 5: SÉ TÚ MISMA

Esta regla siempre funciona en cada situación, independientemente del resultado aparente o de las reacciones de los demás, porque tú no puedes jamás ser buena siendo alguien diferente de quien eres.

REGLA VERDADERA 6: SI ALGUIEN TE GUSTA, DÍSELO

Eso incluye a tus amigos, tus parientes, tus vecinos, el conductor de tu autobús, tu camarera, tu profesor, tu vendedor, tu monitor de aerobic, tus perros y tus gatos: todo el mundo. Y no pienses que ellos ya saben cuáles son tus sentimientos y que no necesitan oírtelos decir. ¡Claro que lo necesitan!

Regla verdadera 7: haz preguntas antes de involucrarte mucho en una relación

Antes de alquilar un apartamento, antes de contratar a alguien, antes de ir a un nuevo restaurante, antes de hacer una reserva en un hotel, antes de aceptar ayuda de alguien en un proyecto, antes de dejar que alguien te corte el pelo, antes de comprar un electrodoméstico, antes de hacer cualquier cosa importante, ¡haz preguntas! La mayoría de los problemas cotidianos a los que nos enfrentamos en nuestra vida podrían ser evitados si nosotros hiciéramos más preguntas (¡y si de hecho escucháramos las respuestas, claro!).

Regla verdadera 9: Rodéate de gente que tenga un buen carácter

No escojas amigos, compañeros de habitación en la universidad, socios, compañeros de viaje o empleados basándote únicamente en la conveniencia. Rodéate de personas que tengan buen carácter y tendrás bastante menos infelicidad en tu vida.

Regla verdadera 10: Presta atención a las señales de aviso de posibles problemas

Presta atención a tu cuerpo, tu coche, tus finanzas, tus modales, lo que la gente dice y deja de decirte, cómo te trata la gente y especialmente presta atención a aquellas cosas a las que prestarle atención te incomoda. El universo siempre nos ofrece una gran abundancia de mensajes. Cuando no les prestamos atención es cuando tenemos más problemas.

Regla verdadera 11: juzga a las personas por su corazón, no por ninguna otra cosa

Ninguna de las cosas que se dirán a continuación tiene la más mínima importancia: cuánto dinero se tiene, lo importante o deslumbrante que sea un trabajo, lo atractivos que son, el éxito que han alcanzado, a quién se conoce, cuánta gente les conoce, cómo son físicamente, qué se ponen, qué poseen, sus preferencias sexuales o el color de su piel. Lo que realmente importa es lo que está dentro del corazón de una persona. Si algo tiene que impresionarte, que te impresione lo buena persona y lo cariñoso que sea.

Regla verdadera 14: Sé sincero acerca de tus sentimientos

Lo contrario nunca funciona a largo plazo, ¿por qué probarlo, entonces?

Regla verdadera 15: Muestra tu rasgo más atractivo: tu mente

Nadie tiene una mente como la tuya, por lo que la tuya es la mejor de su clase en el mundo entero. ¡Muéstrala!

Regla verdadera 16: Sé emocionalmente generosa, no emocionalmente tacaña

Cuanto más amor compartas con los otros, más amor sentirás en tu propio corazón, porque cuando el amor fluye tú eres la primera beneficiaria. Al amar nunca pierdes, luego comparte tu amor con todos y todo a través de tus sonrisas, tus palabras, tus acciones y tus pensamientos. No te limites a la gente: deja que tu amor se extienda a los animales, los árboles, las flores, las nubes y todos los milagros de la naturaleza.

¿No sería maravilloso que todas las personas a las que tú conoces y todas las que no conoces estuvieran todas practicando al mismo tiempo las verdaderas reglas...?

Conclusión

Cuando me puse a escribir *Las verdaderas reglas* estaba sometida a una gran presión: tenía mucho menos tiempo del que yo suelo tener para acabar un manuscrito y me preguntaba si sería capaz de llegar hasta el final. Pero aunque pareciera una empresa imposible, sentía que tenía que escribir este libro, que yo estaba destinada a escribirlo y que, en cierta forma, lo acabaría a su debido tiempo. Me encerré en mi despacho, encendí el ordenador y comencé.

Mi marido me ha acompañado a través de la composición de seis de mis libros y está familiarizado con las emociones previsibles que me acompañan cuando estoy creando uno: desde la excitación a la frustración, pasando por la impaciencia, la duda, los bloqueos y el reencuentro con la excitación, todo ello una y otra vez.

Una tarde, cuando ya llevaba cuatro días escribiendo, estaba sentada delante del ordenador preguntándome cómo diablos iba a hacer para poder acabar este libro. Tenía la facha que siempre suelo tener cuando estoy concentrada en mi trabajo: llevaba mi querido vestido ancho y viejo; no me había lavado el pelo en tres días; y desde que me había levantado aún llevaba puestas mis zapatillas de andar por casa.

De repente llamaron a la puerta de mi despacho y quien entró era mi marido, Jeffrey, a quien no había visto en todo el día. Traía consigo un enorme ramo de flores, flores exóticas en una mano y una taza de mi café favorito en la otra: «Te traigo algunas cosas que pueden ayudarte a escribir –me dijo con su mejor sonrisa–. Pensé que las flores llenarían tu despacho con su deliciosa fragancia, y que el café te mantendría despierta».

Se inclinó para darme un beso, como si no se hubiera percatado de mi pelo enmarañado y grasiento, ni de mis ropas de espantapájaros, y me puso delante un sobre con una tarjeta. «Léela ahora –me sugirió–, creo que te inspirará.» La abrí y leí:

> Cariño mío:
> Gracias por trabajar de firme y por defender lo que es razonable. Si tú fueras una de esas chicas estilo viejas reglas, no sólo no me habría casado contigo, sino que nunca hubiera llegado a ser ni siquiera tu amigo. En efecto, no sólo no hubiera sido tu amigo, sino que no hubiera tenido nada que ver contigo. Así es, no sólo no hubiera tenido nada que ver contigo, ¡sino que hubiera salido disparado de tu lado!
> Gracias por ser una verdadera mujer, con un verdadero cerebro y un corazón realmente grande. Gracias por ser tú misma. Te adoro.
> ¡Duro con ellas!
>
> JEFFREY

Las lágrimas corrieron por mi rostro cuando leí estas preciosas palabras de mi maravilloso marido, el marido a quien finalmente había encontrado después de muchos años dolorosos en los que seguí las reglas equivocadas y escogí hombres equivocados; el marido que fue el primer hombre con quien yo me abrí completamente, fui totalmente sincera y fui enteramente yo misma; el marido que me ama por estar ahí sentada en ese momento; el marido que me reafirma una y otra vez, para el que no tengo que ser nada ni nadie excepto yo misma a la hora de conseguir su amor.

De repente me di cuenta de que este momento en mi matrimonio era exactamente de lo que trataban las verdaderas reglas: un momento en el que yo pude experimentar la exquisita libertad de saber que yo estaba siendo amada por el hecho de ser yo misma. Mi marido no me traía flores porque yo hubiera estado actuando de forma distante, o porque hubiera tenido un comportamiento frío para «pararle los pies.» No me escribió esa carta maravillosa porque estuviera fingiendo estar muy ocupada para que él se dedicara a cazarme. No, su preocupación y su cariño eran ambos la expresión de su amor y de su respeto por mí como mujer, como amiga y como esposa.

Su amor no dependía de cuál fuera mi aspecto, lo interesado por mí que yo lo mantuviera o cuántas veces le dejaba llevar la iniciativa; su amor era un amor verdadero.

Quiero que tengas la misma experiencia. Quiero que sepas qué se siente cuando tienes un hombre que te quiere precisamente por ser tú misma. Quiero que conozcas qué se siente cuando no estás obligada a hacer algo para ganar su amor. Quiero que sepas lo que se siente al vivir un amor que es real.

Tú no te mereces menos que eso...

Escribí este libro para ti, con cariño y respeto hacia quien tú eres realmente. Por favor, haz llegar este mensaje a las mujeres a las que quieres y respetas, y a las mujeres a las que te gustaría amar y respetar. Y por favor, haz llegar este mensaje a los hombres a quienes conoces y a los hombres con los que te encuentres, para que ellos puedan aprender a amarnos y respetarnos.

Gracias desde lo más profundo de mi corazón.

Barbara

Esta obra, publicada por
GRIJALBO MONDADORI, S.A.,
se terminó de imprimir en los talleres
de Hurope, S. L., de Barcelona,
el día 25 de septiembre
de 1997

Últimos títulos publicados